Prestel Museumsführer

Ethnologisches Museum Berlin

Prestel

München · Berlin · London · New York

Die Bildvorlagen wurden uns freundlicherweise von den Staatlichen Museen zu Berlin zur Verfügung gestellt. Aufnahmen stammen, wenn nicht anders angegeben, von folgenden Fotografen:
Martin Franken, Dietrich Graf, Claudia Obrocki, Waltraud Schneider-Schütz.

Herausgegeben von Viola König

Textbeiträge
Lena Bjerregaard (Andenraum)
Peter Bolz (Historischer Überblick, Indianer Nordamerikas)
Manuela Fischer (Andenraum)
Maria Gaida (Mesoamerika)
Richard Haas (Südamerikanisches Tiefland)
Paola Ivanov (Afrika)
Peter Junge (Afrika)
Viola König (Vorwort, Mesoamerika)
Wibke Lobo (Süd- und Südostasien)
Siegmar Nahser (Ost- und Nordasien)
Anke Scharnbeck (Afrika)
Ingrid Schindlbeck (Islamischer Orient)
Markus Schindlbeck (Südsee und Australien)
Artur Simon (Musikethnologie)
Ina Tautorat (Junior-Museum)
Angelika Tunis (Afrika)
Shun-chi Wu (Ost- und Nordasien)

Redaktion
Peter Bolz, Peter Junge, Viola König

Umschlagvorderseite
Sakwahu-Kachina, von Scott Hepvaya Walker, Hopi, 1999 (vgl. S. 73)
Umschlagrückseite
Eingangshalle zum Museumskomplex Dahlem in der Lansstraße, Oktober 2003

Prestel Verlag
Königinstraße 9
D-80539 München
Telefon +49 (0)89 38 17 09-0
Telefax +49 (0)89 38 17 09-35
www.prestel.de
info@prestel.de

Lektorat
Victoria Salley, Stephan Thomas
Gestaltung und Satz
a·visus·Michael Hempel, München
Lithografie
Trevicolor, Treviso, Italien
Druck und Bindung
Passavia Druckservice GmbH, Passau

Die Deutsche Bibliothek verzeichnet diese Publikation in der Deutschen Nationalbibliografie; detaillierte bibliografische Daten sind im Internet über http://dnb.ddb.de abrufbar.

Printed in Germany
3-7913-2995-2

Inhalt

Vorwort

Der Museumskomplex Dahlem – Kunst und Kulturen der Welt

Das Ethnologische Museum bildet gemeinsam mit dem Museum für Ostasiatische Kunst, dem Museum für Indische Kunst sowie dem Museum für Europäische Kulturen den Museumskomplex *Museen Dahlem – Kunst und Kulturen der Welt.* Die drei zuletzt genannten sind – zumindest in Teilen – aus dem ehemaligen Museum für Völkerkunde hervorgegangen. 1962 wurde das Museum für Indische Kunst gegründet, und erst 1999 entstand als Ergebnis der Wiedervereinigung Deutschlands das Museum für Europäische Kulturen.

Wer sich allein auf den Besuch der ständigen Ausstellungen des Ethnologischen Museums, des größten unter den vier Häusern, beschränkt und somit circa 9000 qm Ausstellungsfläche durchmisst, wird den Eindruck gewinnen, sich auf einer Weltreise im Zeitraffer zu befinden. Dabei hat er höchstens 3 % des Gesamtbestandes des Ethnologischen Museums gesehen, ganze Regionen und Kulturen, von denen das Haus wichtige und umfangreiche Zeugnisse beherbergt, kann er zurzeit überhaupt nicht betrachten: Dazu zählen die Sammlungen Süd- und Südostasiens, Nordasiens, der Ethnologie Südamerikas sowie des Islamischen Orients (s.u.).

Hinduistische Verehrungszeremonie

für den Gott Ganesha durch einen Priester des Murugan-Tempels in der Sonderausstellung *Ganesha: Der Gott mit dem Elefantenkopf,* Oktober 2003. *Foto: Stefan Rademacher*

Zahlen und Sammlungsschwerpunkte

Mit einem Gesamtbestand von 508 000 Ethnographica und Archäologica, 140 000 musikethnologischen Tondokumenten, 285 000 ethnographischen Fotodokumenten, 20 000 ethnographischen Filmen und 50 000 m ungeschnittenem Filmmaterial sowie 200 000 Seiten Schriftdokumenten zählt das Ethnologische Museum weltweit zu einem der größten seiner Art. In Europa dürfte es das größte sein. Für zahlreiche seiner Sammlungen gilt, dass sie zu den umfangreichsten und wertvollsten überhaupt zählen, zum Beispiel die Sammlungen von der Nordwestküste Nordamerikas (Sammlung Jacobsen u. a.), die altperuanischen und altmexikanischen Sammlungen, die die größten außerhalb ihres Herkunftsgebietes sind, oder die Afrika-Sammlung, die neben der des Britischen Museums in London die international bedeutendste ist.
Neben seiner Funktion als Ausstellungs- und Vermittlungsort ist das Ethnologische Museum seit seiner Gründung im Jahre 1873 auch Forschungsinstitut und führt Expeditionen und Forschungsreisen durch. Resultat sind die umfangreichen Sammlungen, die unter anderem durch Ethnologen und Archäologen, Religions- und Musikwissenschaftler, Philologen und Kunsthistoriker interdisziplinär erfasst und erforscht werden.
Außer den klassischen Ethnographica, die die autochthonen Kulturen Amerikas, Afrikas, Asiens und Ozeaniens dokumentieren, sammelt das Ethnologische Museums seit den achtziger Jahren des 20. Jahrhunderts auch Beispiele der zeitgenössischen Kunst aus jenen Gebieten, zum Beispiel Werke indonesischer, neuseeländischer, kanadischer und afrikanischer Künstler, die sich nach wie vor auf ihre kulturellen Wurzeln berufen und sie in ihren Kunstwerken aufgreifen und weiterentwickeln. Auch in das Sonderausstellungsprogramm des Ethnologischen Museums werden regelmäßig Präsentationen zeitgenössischer Kunst aufgenommen. Die Künstler sind häufig selbst anwesend, um persönlich in ihr Werk einzuführen.

Verborgene Schätze aus dem südamerikanischen Tiefland

Neben den großen Sammlungen zur amerikanischen Archäologie und zur Ethnographie Nordamerikas, über die sich der Besucher in den Dauerausstellungen einen Einblick verschaffen kann, beherbergt das Ethnologische Museum rund 35 000 Ethnographica aus dem südamerikanischen Tiefland: aus Amazonien, dem Chaco, Patagonien und Feuerland. Diese verfügen nicht über eigene Schauräume und sind daher in den letzten 60 Jahren nur noch sporadisch und in Teilen in Sonderausstellungen zu sehen gewesen. Erwähnt seien hier die Ausstellungen *Xingú – Unter Indianern in Zentral-Brasilien* im Jahre 1986 sowie die 2002/03 gezeigte Ausstellung *Deutsche am Amazonas – Forscher oder Abenteurer? Expeditionen in Brasilien 1800 bis 1914*.
Die ältesten erhaltenen Ethnographica aus dem südamerikanischen Tiefland

Federhaube der *Mundurucú*-Indianer

Rio Tapajos, Zentralbrasilien, Anfang 19. Jh.
Sammlung Graf von Hoffmannsegg
Inv.-Nr. VB 96

im Ethnologischen Museum sind die Federarbeiten der *Mundurucú*-Indianer vom Rio Tapajós aus der Sammlung des Grafen von Hoffmannsegg (Abbildung oben). Sie stammen aus der Zeit zwischen 1800 und 1811 und gehören zu den kostbarsten Schätzen aus Brasilien. Ebenfalls aus der ersten Hälfte des 19. Jahrhunderts stammt die Sammlung R. Schomburgk aus Nordamazonien.
Eine weitere bedeutende Sammlung ist die von G. Schythe aus Patagonien und Feuerland (1853–1864), die ein frühes Dokument längst untergegangener Kulturen darstellt.
Beginnend mit den ersten großen völkerkundlichen Expeditionen des Forschers Karl von den Steinen in den Jahren 1884 und 1887 nach Zentralbrasilien setzt die Zeit der großen Sammeltätigkeit im südamerikanischen Tiefland ein. Als bedeutendste Sammler sind zu erwähnen:
R. Rohde und G. Boggiani (Chaco), P. Ehrenreich (Ost- und Zentralbrasilien), M. Schmidt (Zentralbrasilien, Chaco), Th. Koch-Grünberg (Nordwestamazonien, Nordamazonien), W. Kissenberth (Ostamazonien), E. H. Snethlage (Westamazonien). Letztere Sammlung ist mit über 2400 Objekten die größte Einzelsammlung aus dem südamerikanischen Tiefland. Mit Ausbruch des Zweiten Weltkriegs schließt diese Phase großer Sammeltätigkeit ab.
Schwerpunkte der Sammlung *Südamerikanisches Tiefland* sind heute neben den herausragenden Federarbeiten und den Masken aus Amazonien der Silberschmuck der *Mapuche*-Indianer aus Chile, der Goldschmuck und die Mola-Sammlung der *Kuna* aus Panama sowie die Sammlungen aus Westamazonien, zu denen die feinen Tonarbeiten der *Shipibo* und *Conibo* sowie die Schrumpfköpfe der *Shuar* (*Jívaro*-Indianer) zählen.

Schattenspielfigur des *Phra Ram*

Thailand, Ende 19./Anfang 20. Jh.
Leder, Naturfarben, H 125 cm
Inv.-Nr. IC 43782

Verborgene Schätze aus Süd- und Südostasien

Der Forschungs- und Sammlungsbereich des Fachreferats Süd- und Südostasien umfasst die Indische Union mit den Inselgruppen der Malediven, Lakkadiven, Andamanen und Nikobaren, die Länder Sri Lanka, Nepal, Sikkim, Bhutan, Bangladesh, Myanmar (Burma), Thailand, Laos, Kambodscha, Vietnam, Malaysia, Indonesien und die Philippinen. Aus Taiwan sind die Kulturen der malaiisch-polynesischen Bevölkerung vertreten.
Der Bestand von nahezu 40 000 Objekten wurde vorwiegend zwischen der Mitte des 19. Jahrhunderts und dem Beginn des Ersten Weltkriegs in den Ursprungsländern erworben oder dem Museum als Schenkung übereignet.
Zu den großen Sammlern gehören neben dem Gründungsdirektor Adolf Bastian Forscher, Reisende und Abenteurer wie Jagor, Ehlers, Riebeck, Jacobsen und Vaughan Stevens. In der zweiten Hälfte des 20. Jahrhunderts konnte der Altbestand durch gezielte Ankäufe ergänzt werden.Die Sammlungsschwerpunkte liegen auf Indien, Sri Lanka, Thailand, Indonesien und den Philippinen. Besonders wichtig sind aufgrund ihres Alters, ihres ästhetischen Wertes oder ihrer wissenschaftlichen Bedeutung folgende Objektgruppen:
Indische Union Gelbgussfiguren und Ritualgerät aus Maharashtra, Madhya Pradesh (Bastar), Karnataka und Orissa (Kondh); Schattenspielfiguren aus Andhra Pradesh; Silberschmuck aus Nordindien, Prunk- und Ritualwaffen

aus ganz Indien; Holzschnitzereien aus Südindien; Ethnographica der *Naga* aus Assam und der *Lohari* aus Rajasthan.
Sri Lanka Theatermasken für das *Kolam*-Spiel; Masken für Heilungsrituale.
Thailand Schattenspielfiguren; Tanzmasken für das *Khon*-Spiel; Holzschnitzereien; Ethnographica, Textilien und Schmuck der Bergvölker im so genannten Goldenen Dreieck.
Indonesien Schattenspielfiguren, Stabpuppen und Tanzmasken aus Java und Bali; Batiken, *Krisse* und *Krisbretter* aus Java; Holzskulpturen und moderne Malerei aus Bali; Handschriften der *Batak,* Textilien und Silberwaren aus Sumatra; Waffen, Flechtwerk, Tongefäße und andere Ethnographica von den ostindonesischen Inseln; Schilde, Waffen und Ethnographica der *Dayak* aus Borneo; Holzskulpturen und Ethnographica aus Nias und Mentawai.
Philippinen Textilien aus Luzon und Mindanao.

Verborgene Schätze aus dem Islamischen Orient

Das Fachreferat Islamischer Orient ist als eine eigene regionale Abteilung des Museums rezenten Ursprungs. Es wurde 1970 gegründet, als die Sammlungen aus West- und Zentralasien – bis dahin in der Abteilung Südasien mitverwaltet – in die nun eigenständige neue Abteilung überführt wurden. Später kam auch der Sammlungsbestand aus Nordafrika (Weißafrika) hinzu. Mit der Gründung einer Islamischen Abteilung wurde der Bedeutung der islamischen Sammlungen im Museum, die bis in die Mitte des 19. Jahrhunderts hineinreichen, Rechnung getragen.
Geografisch gesehen reicht das Sammelgebiet von Marokko bis nach Nordwestchina und umfasst die islamischen Kulturen Nordafrikas, Arabiens und der Levante, ferner die Türkei, Iran, Afghanistan, Pakistan und die ehemaligen islamischen Sowjetrepubliken von Aserbaidschan bis Kirgisien.
Die Sammlung des Fachreferates Islamischer Orient umfasst gegenwärtig circa 20 000 Objekte. Glücklicherweise sind viele Objekte aus der Zeit der Sammlungsanfänge erhalten – Objekte, die heute mehr als 150 Jahre alt sind. Ein ausgezeichnetes Beispiel dieses wertvollen Altbestandes ist die so genannte Buchara-Sammlung von W. Rickmer Rickmers, der Ende des 19. und Anfang des 20. Jahrhunderts das damalige Turkestan bereiste. Rickmers machte dem Museum eine umfangreiche Schenkung, in der sich sowohl geknüpfte Gewebe nomadischer Gruppen wie der *Tekke, Ersari* und *Yomut* befinden als auch exzellente Beispiele des städtischen Kunsthandwerks wie Metallarbeiten, Keramiken, Kleidung und *Susani* genannte Stickereien.
Seit ihrer Gründung konnte die Islamische Abteilung ihren Sammlungsbestand erfolgreich erweitern. Hier können nur einige der wichtigsten Neuerwerbungen erwähnt werden: 1978 wurde eine umfangreiche ethnographische Sammlung aus Nuristan (Afghanistan), dessen Bewohner erst Ende des 19. Jahrhunderts zum Islam bekehrt worden waren, erworben. Ebenso konnte 1980 eine Privatsammlung der Beduinen des Negev (Israel) integriert werden, wie auch

Susani

Grundmaterial: hausgewebter Baumwollstoff; Randbesatz: Ikat; Stickgarn: Seide; Technik: Flächen basma (Spannstich mit Überfangstich), Linien und Konturen: Kettenstich, L 232 cm, B 171 cm
Nur-Ata, Sammlung Rickmers 1902
Inv.-Nr. IB 2647

1990 eine breit angelegte Sammlung von Ethnographica aus dem Sind (Pakistan). Aus Raumgründen verfügt das Fachreferat Islamischer Orient nicht über eine Dauerausstellung im Museum. Nichtsdestotrotz wurden und werden Teile der Sammlung in temporären Sonderausstellungen der Öffentlichkeit präsentiert. Seit ihrem Bestehen hat die Islamische Abteilung eine Reihe von Sonderausstellungen durchgeführt, von denen allein sechs Ausstellungen eigene Sammlungsteile zeigten: *Buchara* (1978), *Beduinen des Negev* (1982), *Nuristan* (1982), *Kilim – Flachgewebe aus Anatolien* (1988), *Turkmenische Teppiche* (1993) und *Teheran um 1890 – Den Alltag im Blick* (2002).

Historischer Überblick

Von der Kunstkammer zum Ethnologischen Museum

Das Ethnologische Museum Berlin feierte 1973 sein hundertjähriges Bestehen als eigenständige Museumseinrichtung. Seine Wurzeln reichen jedoch bis ins 17. Jahrhundert zurück, denn die frühesten Ethnographica lassen sich schon in der Brandenburgisch-Preußischen Kunstkammer des Großen Kurfürsten nachweisen. Bereits Mitte des 19. Jahrhunderts wurde im »Neuen Museum« in Berlin die erste ethnologische Dauerausstellung eingerichtet, die für ein allgemeines Publikum zugänglich war.

Die große Zeit des Sammelns begann Ende des 19. Jahrhunderts, als von Berlin aus zahlreiche Forschungs- und Sammelexpeditionen in alle Welt geschickt wurden. Unter der Leitung des umtriebigen Gelehrten und Weltreisenden Adolf Bastian (1826–1905) entwickelte sich das Ethnologische Museum zu einer der weltweit größten und bedeutendsten Institutionen seiner Art.

Das preußische Handelsschiff »Princess Louise«,

das zwischen 1826 und 1846 sechs Weltumseglungen durchführte und zahlreiche Ethnographica mit nach Berlin brachte.
Nach einem Gemälde im ehemaligen Berliner Schloss.

Kunstkammer und Ethnographisches Cabinet

Die ersten Objekte aus Übersee gelangten durch Handelsbeziehungen in die Brandenburgisch-Preußische Kunstkammer, die im Schloss zu Berlin untergebracht war. Dazu gehörten Waffen, Kleidungsstücke und Gerätschaften aus Japan, Ceylon und von den Molukken, chinesisches Porzellan und indische Manuskripte sowie »Merkwürdigkeiten« aus Afrika, die ab 1671 vor allem über die Holländische Ostindien-Compagnie an die Spree kamen. Mit der Ernennung des Bibliothekars und Predigers Jean Henry zum Aufseher, später Direktor der Königlichen Antiken-, Münz- und Kunstkammer, kehrte ab 1794 erstmals eine gewisse Systematik in die Bestände der Kunstkammer ein. Henry erwarb gezielt auch ethnographische Objekte, zum Beispiel 1802 Gegenstände aus Tahiti, 1803 orientalische Waffen, 1806 indische Bronzen, Gefäße und »Götzenbilder«. Aus einem 1805 von ihm verfassten Verzeichnis geht hervor, dass er die Bestände nach Herkunft und Material in drei Abteilungen gliederte. Die erste Abteilung bildete die »Kunst- und Raritätenkammer« mit der »Sammlung von außer-europäischen Seltenheiten« und den »Vaterländischen Merkwürdigkeiten«. Die zweite Abteilung bestand aus der »Naturalien-Kammer«, die dritte war die »Antiken- und Medaillen-Kammer«. Wie man daraus erkennen kann, waren die ethnologischen Objekte zu dieser Zeit bereits so zahlreich in der Kunstkammer vertreten, dass sie eine eigene Sammlung bildeten, die in einem separaten Raum getrennt von den naturhistorischen und europäischen Sammlungen aufbewahrt wurde. Dieser von Jean Henry im Jahre 1798 eingerichtete Raum im Königlichen Schloss zu Berlin mit den »außer-europäischen Seltenheiten« muss somit als die Keimzelle des heutigen Ethnologischen Museums angesehen werden.

In die Zeit von Jean Henry fällt auch der Ankauf eines Teils der 1819 in London versteigerten Sammlung des Entdeckungsreisenden James Cook und der Erwerb von Objekten, die die preußischen Handelsschiffe Mentor und Princess Louise bei ihren Fahrten rund um die Welt ab 1822 nach Berlin mitbrachten. Das spektakulärste Stück aus dieser Zeit ist der Federmantel, den der König von Hawaii, Kamehameha III., im Februar 1828 dem Kapitän der Princess Louise als Geschenk für den preußischen König Friedrich Wilhelm III. überreichte.

Im Jahre 1829 übernahm der Historiker und Hauptmann a. D. Leopold Freiherr von Ledebur die Leitung der Königlichen Kunstkammer. Ihm gelang es, durch Ankauf von ganzen Sammlungen die ethnologischen Bestände weiter zu mehren. Unterstützung erhielt er dabei vom Generaldirektor der königlichen Sammlungen Ignaz Maria von Olfers, der sich als ehemaliger Gesandter in Brasilien gegenüber der Ethnologie sehr aufgeschlossen zeigte. In einem 1844 erschienenen Führer mit dem Titel »Leitfaden für die Königliche Kunstkammer und das Ethnographische Cabinet« bemerkt von Ledebur, dass die

Adolf Bastian (1826–1905)

im Alter von 34 Jahren.
Holzstich, 1860

III. Abteilung (nach den Abteilungen für Kunst und Geschichte) unter der Bezeichnung »Ethnographische Sammlung« eine »für sich bestehende Abtheilung der königlichen Museen« bildet. Verantwortlich für diese Sammlung war der als »Directorial-Assistent« bezeichnete Hofrat Dr. F. Förster, der in dem »Leitfaden« den Abschnitt über das »Ethnographische Cabinet« verfasste.

Die Ethnographische Sammlung im Neuen Museum

Die Herauslösung von Gemälden und Skulpturen aus dem Königlichen Schloss und ihre Präsentation in einem 1830 eröffneten Museumsneubau (heute Altes Museum genannt) besiegelten das Ende des alten Kunstkammer-Konzeptes. Die wachsenden Sammlungen und ihre zunehmende wissenschaftliche Bedeutung drängten nach eigenständigen Präsentationen. Hinter dem Alten Museum entstand daher ab 1843 das 1859 fertig gestellte Neue Museum, in dem die kulturgeschichtlichen Sammlungen untergebracht wurden. Das Untergeschoss teilte sich die ethnographische Sammlung mit der ägyptischen und prähistorischen, und sie erhielt dort drei große Räume von zusammen 750 Quadratmeter Fläche, die in einem Führer von 1865 als »Ethnographisches Museum« bezeichnet werden. Dieser bereits 1856 erfolgte Umzug vom Königlichen Schloss ins Neue Museum bedeutete die endgültige Herauslösung der ethnologischen Sammlungen aus dem Bestand der Kunstkammer. Die damit vollzogene Etablierung als eigenständiger Teil der Königlichen Museen von Berlin müsste als das eigentliche Gründungsdatum des Ethnologischen Museums angesehen werden. Was allerdings fehlte, war ein eigener Direktor, denn die Sammlungen unterstanden weiterhin Leopold von Ledebur und seinem Assistenten, dem Hofrat Förster. In einem Führer von 1861 sind die im Neuen Museum präsentierten Objekte unter 5192 Nummern erfasst. Die einzelnen Zahlen zeigen vor allem die unterschiedliche regionale Gewichtung der bis dahin vorhandenen Bestände an: Asien 2850, Amerika 1189, Südsee und Australien 568, Afrika 568, Europa 17.

Im Jahre 1869 übernahm der als Schiffsarzt weit gereiste Gelehrte Adolf Bastian die Stelle des Direktorial-Assistenten der Ethnographischen Sammlung, der von da an unermüdlich bemüht war, die Bestände auszubauen und dem Museum ein eigenes Gebäude zu verschaffen. Bastian gilt als der Begründer der Ethnologie als akademisches Fach: Seit 1869 war er Dozent, später Professor für Ethnologie an der Berliner Universität.
Zusammen mit dem Mediziner, Anthropologen und Politiker Rudolf Virchow und weiteren Berliner Gelehrten gründete er 1869 die Berliner Gesellschaft für Anthropologie, Ethnologie und Urgeschichte und war Mitherausgeber des Publikationsorgans dieser Gesellschaft, der bis heute bestehenden »Zeitschrift für Ethnologie«.

Das Museum für Völkerkunde

Auf Antrag dieser Berliner Gesellschaft erfolgte im Jahre 1873 der Beschluss des Preußischen Königs und Deutschen Kaisers Wilhelm I. zur Gründung eines »selbständigen ethnologischen und anthropologischen Museums in Berlin«. Aber erst 1880 konnte der Grundstein gelegt werden, und 1886 wurde der monumentale Prachtbau an der Königgrätzer Straße (heute Stresemannstraße) mit dem Namen »Königliches Museum für Völkerkunde« eröffnet.
Es beherbergte allerdings nicht nur die ethnologischen, sondern auch die prähistorischen und anthropologischen Sammlungen sowie die Geschäftsräume der Berliner Gesellschaft. Bastian wurde bereits 1876 zum Direktor dieses dreiteiligen Museumskomplexes ernannt und stand weiterhin der Ethnologischen Sammlung vor, während der Direktorial-Assistent Albert Voss die »Sammlung Nordischer Alterthümer« betreute.
Da der neue Museumsbau, wie ein Kritiker schrieb, »mehr nach monumentalen als nach praktischen Gesichtspunkten« errichtet worden war, war er zum Zeitpunkt seiner Eröffnung bereits zu klein, um die Fülle der ständig wachsenden ethnologischen Sammlungen aufzunehmen. Um 1880 umfassten diese rund 40 000 Objekte. Auf die einzelnen Kontinente verteilt lauten die Zahlen: Amerika 21 000, Asien 12 500, Afrika 3500, Südsee und Australien 2500, Europa 250.

Adolf Bastian war ein unermüdlicher Organisator, der seine ganze Energie in die Weiterentwicklung der Ethnologie in Deutschland steckte. Ein ethnologisches Museum sollte nach seiner Vorstellung wie ein naturwissenschaftliches organisiert sein. Durch ihn veränderten sich auch Charakter und Stellenwert der gesammelten Objekte: Waren es zuvor Kuriositäten oder Dinge, die aus ästhetischen Gründen mehr oder weniger zufällig zusammengetragen wurden,

»Königliches Museum für Völkerkunde«

1886 in der Stresemannstraße, nahe Potsdamer Platz eröffnet. Nach Kriegsbeschädigung wurde es 1961 abgerissen. *Foto von 1905*

so setzte nun eine planvolle, systematische Sammeltätigkeit ein, mit dem Ziel, die Kulturen außereuropäischer Völker möglichst vollständig zu dokumentieren. Seine Arbeitsmethode war die komparativ-genetische, wie sie von den Prähistorikern angewendet wurde. Diese vergleichende Methode benötigt eine möglichst große Zahl von Vergleichsstücken, aus deren Reihung man gemeinsame Ursprünge ableiten kann. Als Ergebnis schwebte Bastian eine Darstellung der menschlichen Entwicklung aus naturgesetzlicher und historischer Perspektive vor. Mit Unterstützung des 1881 gegründeten »Hilfscomités für Vermehrung der Ethnologischen Sammlungen« schickte Bastian Sammelreisende in alle Welt, um die letzten materiellen Zeugnisse der vom Aussterben bedrohten »Naturvölker« zu retten, bevor sie endgültig dem unaufhaltbaren Fortschreiten der Zivilisation zum Opfer fielen.
Das Bewusstsein der Forscher, sozusagen in letzter Stunde Material zu sammeln, das bald der Vergangenheit angehören würde, beflügelte sie, traditionelle Wirtschaftsweisen und Sozialsysteme, religiöse Vorstellungen und Mythen zu dokumentieren. Besonders wichtig war das Sammeln von Zeugnissen der materiellen Kultur, denn bei diesen handelte es sich um unmittelbare Belegstücke

Magazin und Ausstellung zugleich

Schrank mit Objekten aus dem Amazonas-
Gebiet im Museum
für Völkerkunde, um 1900

von schriftlosen Kulturen, denen man ähnliche Bedeutung zuwies wie den schriftlichen Dokumenten in der europäischen Kultur. Deshalb betrachtete Adolf Bastian die rapide wachsenden außereuropäischen Sammlungsbestände als ein Archiv der Weltkulturen und als Grundlagenmaterial für deren weitere wissenschaftliche Erforschung.

Museumskomplex Dahlem

Für Bastian war das Museum primär eine wissenschaftliche Institution und ein Ort zum Aufbewahren der Sammlungen. Eine für ein allgemeines Publikum didaktisch aufbereitete Ausstellung gab es damals nicht. Die immer größere Raumnot machte es jedoch notwendig, über die Trennung der Bestände in eine Schausammlung und eine Arbeitssammlung nachzudenken. Deshalb wurde 1906 ein Schuppen auf dem Gelände der Domäne Dahlem im Südwesten Berlins errichtet, der einen Teil der Sammlungen aufnahm.
Die Lösung des Raumproblems sollte ein großer Museumskomplex in Berlin-Dahlem bringen, nämlich vier Neubauten für die Sammlungen der vier Erdteile Asien, Afrika, Ozeanien und Amerika. 1914 begann der Architekt Bruno Paul mit dem Bau des »Asiatischen Museums« in der Arnimallee, doch der Erste Weltkrieg verhinderte dessen Fertigstellung. Erst 1921 konnte der Bau vollendet werden, doch für die drei weiteren geplanten Museen fehlten die Mittel. Das als »Bruno-Paul-Bau« bezeichnete Gebäude wurde nun als Magazin für die gesamten Sammlungen genutzt, während die Museumsmitarbeiter im Hauptgebäude in der Innenstadt 1926 eine für ein allgemeines Publikum konzipierte Schausammlung einrichteten. In dieser mit erklärenden Texten versehenen Ausstellung war es nun erstmals möglich, ausgewählte Objekte einzelner Kulturen übersichtlich zu präsentieren.

Diese Ausstellung stand bis zum Beginn des Zweiten Weltkriegs und wurde dann aus Sicherheitsgründen gemeinsam mit den Magazinbeständen in Kisten verpackt und an verschiedenen Orten innerhalb und außerhalb Berlins gelagert. Am Ende des Krieges beschlagnahmten die Siegermächte die Sammlungen. Die Sowjetarmee transportierte ihren Teil der Kriegsbeute nach Leningrad, während die westlichen Alliierten ihren Anteil in den 1950er Jahren an Berlin zurückgaben. Das im Krieg stark beschädigte Gebäude in der Stresemannstraße konnte als Museum nicht mehr genutzt werden und wurde daher 1961 abgerissen.
Die 1957 gegründete Stiftung Preußischer Kulturbesitz ließ das in Berlin-Dahlem vorhandene Gelände ab 1964 zu einem großen Museumskomplex ausbauen, um dort auch die im Westteil Berlins verbliebenen Sammlungen europäischer Gemälde und Skulpturen unterzubringen. Die ethnologischen Bestände konnten daher nur in reduziertem Umfang präsentiert werden, beschränkt auf die Sammlungen Altamerikas, der Südsee, Afrikas und Teilen von Ost- und Südasien.

Nach der Wiedervereinigung Deutschlands kehrten auch die zwischenzeitlich in Leipzig gelagerten Teile der sowjetischen Kriegsbeute nach Berlin zurück, insgesamt etwa 55 000 Stücke. Dadurch erhielt die ethnologische Sammlung in weiten Teilen wieder die Qualität, die sie vor dem Kriege besaß, obwohl noch immer rund 25 000 Objekte fehlen. Darunter befinden sich viele Spitzenstücke, die wahrscheinlich noch in russischen Geheimdepots lagern.

Durch den Auszug der europäischen Kunstsammlungen aus dem Museumskomplex Dahlem im Laufe der neunziger Jahre wurde es notwendig, neue Aus- und Umbaupläne für die Präsentation der ethnologischen Sammlungen zu entwickeln. Er war das Signal für einen Neubeginn in Dahlem, bei dem der veränderten Gestalt auch eine veränderte inhaltliche Konzeption folgen sollte. Den Anfang machten die 1999 neu eingerichteten Dauerausstellungen *Afrika. Kunst und Kultur* und *Indianer Nordamerikas*. Dieser in Dahlem geplante Neubeginn kommt auch in dem Anfang des Jahres 2000 in »Ethnologisches Museum« veränderten Namen zum Ausdruck, der gleichzeitig die 200 Jahre zurückreichende Tradition dieses Museums widerspiegelt.

Die seit Mai 2000 bestehende Absicht, das Ethnologische Museum in den noch zu errichtenden Schlossneubau in Berlins Mitte zu verlagern, würde bedeuten, dass die ethnologischen Sammlungen nach gut 150 Jahren wieder an den Ort zurückkehren, an dem sie als »Sammlung von außer-europäischen Seltenheiten« und als »Ethnographisches Cabinet« ihren Ursprung hatten.

Mesoamerika

Der erste große Ausstellungsraum des Ethnologischen Museums ist den mesoamerikanischen Kulturen gewidmet. »Mesoamerika« ist ein kulturgeographischer Begriff, dem man in Fachkreisen die vorspanischen Kulturen der heutigen mittelamerikanischen Länder Mexiko, Guatemala, Belize und Teile von Honduras und El Salvador zuordnet. Die Völker teilten eine Reihe von Kulturmerkmalen, die es erlauben, sie unter dem Begriff Mesoamerika zusammenzufassen. Die wichtigsten gemeinsamen Charakteristika sind:

Die Herausbildung geschichteter Gesellschaften mit *Stadtstaaten- und Staatenbildung.* Bereits im zweiten vorchristlichen Jahrtausend lassen sich solche Entwicklungen an der mexikanischen Golfküste archäologisch nachweisen. *Öffentliche Bauwerke*, Verwaltungsgebäude, Paläste und *Pyramiden* zeugen von der Existenz geordneter und komplexer politischer Strukturen mit einer funktionierenden *Administration.*

Dauerausstellung Mesoamerika
im Vordergrund aztekische Skulpturen

Urbane Zentren mit weitläufigem *Fernhandel* sind durch zahllose Artefakte, gegenseitige Beeinflussung im architektonischen Bereich, in der Ikonografie und nicht zuletzt auch auf dem religiösen und intellektuellen Sektor nachweisbar. Im Gegensatz zu Südamerika kam es in diesem zusammenhängenden geografischen Gebiet zur Entwicklung von *Schriftsystemen* und zu einem von all diesen Völkern benutzten *Kalender*, der aus zwei Zyklen bestand: dem 365-tägigen Sonnenkalender und dem 260-tägigen Ritualkalender.

Das *rituelle Ballspiel* ist ein weiteres Merkmal, das für alle mesoamerikanischen Kulturen typisch ist. In unterschiedlichen Varianten ausgeführt, war das Ballspiel überall von höchster religiös-symbolischer Bedeutung.

Die Edelmetallverarbeitung war in der klassischen Zeit in diesem Gebiet unbekannt. Als kostbarstes Material erachtete man stattdessen die wertvollen *Grünedelsteine*, in deren Bearbeitung schon sehr früh technische Perfektion erreicht wurde.

Die mesoamerikanischen Völker lebten in erster Linie vom *Feldbau.* Neben Jagd und Fischfang und den Früchten der Gärten wie Bohnen und Chili war die *wichtigste Lebensgrundlage der Mais.* So verwundert es nicht, dass Regen-, Wasser- und Fruchtbarkeitsgötter in diesen vom Feldbau abhängigen Gesellschaften zu den wichtigsten in deren Vorstellungswelt gehörten.

Das Ethnologische Museum bewahrt in seinen Magazinen circa 50 000 überwiegend archäologische Objekte aus diesem Gebiet; nur ein Bruchteil (weniger als 2 %) ist in der Ausstellung öffentlich zugänglich. Der Grundstock für diese immense Sammlung wurde in der ersten Hälfte des 19. Jahrhunderts gelegt. Leopold von Ledebur, dem Leiter der Kunstkammer, ist der Erwerb erster bedeutender mexikanischer Kunstwerke und ganzer Konvolute zu verdanken, darunter die berühmte aztekische Opferblutschale (1844) und das Museum aztekisch-mexikanischer Altertümer aus Handschuhsheim bei Heidelberg (1861).

Weltruf erlangte die mesoamerikanische Sammlung dann unter Ledeburs Nachfolger Adolf Bastian. Die umfangreichen Neuzugänge in seiner Amtszeit, darunter die einmaligen Cozumalhuapa-Stelen und einige Stücke aus dem Nachlass Alexander von Humboldts, bildeten eine wertvolle Bereicherung vor allem des mexikanischen und guatemaltekischen Bestandes. Der Schwerpunkt der Ausstellung liegt bis heute auf den Objekten aus dem vorspanischen Mexiko und Guatemala.

In den Jahrzehnten der großen Forschungsreisenden während der zweiten Hälfte des 19. und des beginnenden 20. Jahrhunderts kam es mehr und mehr zu regionalen Spezialisierungen und damit zu gezielteren Fragestellungen. In dieser Zeit bildeten sich auch die verschiedenen Zweige der Archäologie und Ethnologie als wissenschaftliche Fächer heraus. So begründete Eduard Seler (1849–1922) in den ersten Jahrzehnten des 20. Jahrhunderts die Mexikanistik in Berlin. Seler, der ab 1903 die Leitung der Abteilung Amerika übernahm, brachte von seinen sechs großen Amerika-Reisen umfangreiche Sammlungen mit, die er mit seiner Frau Caecilie angelegt hatte, und solche, die private Sammler zusammengetragen hatten. Am Ende seiner Amtszeit war das durch Seler ins Museum gelangte Konvolut auf circa 13 000 Objekte angewachsen.

Seit den 1930er Jahren bis nach dem Zweiten Weltkrieg stagnierte die Sammeltätigkeit für das Museum weitgehend. Die Maya-Sammlung allerdings erfuhr im letzten Jahrzehnt durch bedeutende Schenkungen und zwei spektakuläre Ankäufe eine erhebliche Aufwertung. Ein zukünftiger Sammelschwerpunkt liegt vor allem in der Ergänzung der kolonialzeitlichen und rezenten ethnographischen Objektesammlung.

Das Interesse an den Völkern im vorspanischen Amerika konzentrierte sich lange auf die Überreste in den Elitebezirken der großen Ruinenstätten, wo man sich von steilen Pyramiden, reich geschmückten Palästen und kunstvoll gearbeiteten Artefakten zu Recht beeindrucken ließ. Mangels systematischer Grabungen in den Randbezirken der großen Zentren – von Ausnahmen abgesehen –, ist die Alltagskultur der unteren Bevölkerungsschichten in den Beständen sehr unterrepräsentiert. Erst seit den 1970er Jahren rückte die Siedlungsarchäologie in das Zentrum des wissenschaftlichen Interesses. Dieser aus heutiger Perspektive so aussagekräftige und wichtige Aspekt findet sich daher in der in den 1960er Jahren konzipierten Ausstellung nur am Rande.

Den Neubau des Dahlemer Museumskomplexes entwarf der Architekt Wils Ebert. In Zusammenarbeit mit dem Architekten Fritz Bornemannn wurde im Jahr 1970 die Idee von einer großzügigen Anlage im Mesoamerika-Saal auch innenarchitektonisch verwirklicht. Der von Tageslicht durchflutete Raum gewinnt durch die freistehenden Glasvitirinen und die großzügig postierten Skulpturengruppen große Transparenz und Eleganz. Inhaltlich wurde die jetzige Ausstellung in den 1960er Jahren von dem Leiter der damaligen Abteilung Amerikanische Archäologie Dieter Eisleb und seiner Mitarbeiterin Immina von Schuler konzipiert. Auf den rund 1000 Quadratmetern sind circa 950 Archäologica präsentiert, hauptsächlich Keramik- und Steinobjekte. Regionale und chronologische Gesichtspunkte sind die dominierenden Gliederungsmerkmale der Ausstellung. Folgende Kulturregionen innerhalb Mesoamerikas sind vertreten: Westmexiko (Colima, Nayarit, Jalisco, Guerrero),

Zentralmexikanisches Hochland (Kulturen der Präklassik, Teotihuacan, Kulturen der frühen Postklassik, Azteken), Golfküste (La Venta-Kultur, Huaxteken, Remojadas, El Tajín, Totonaken), Oaxaca (Monte Albán-Kultur, Zapoteken, Mixteken), Halbinsel Yukatan (nördliches Maya-Gebiet), Guatemala (südliches Maya-Gebiet, Maya-Hochland, Cozumalhuapa-Kultur), Honduras (südliches Maya-Gebiet).

Ein eigener Bereich ist den kolonialzeitlichen Schriftdokumenten (Genealogien, Flurkarten) und Federarbeiten mit christlicher Ikonografie gewidmet.

Seit der Ausstellungskonzeption und der Realisierung der Ausstellung Anfang der 1970er Jahre hat die Forschung eine Reihe neuer Erkenntnisse gewonnen, die nur an einigen Stellen berücksichtigt werden konnten.

Gleichwohl gilt diese Ausstellung immer noch als modern und klar gegliedert und vermittelt nicht nur eine Vorstellung von den Schätzen des Ethnologischen Museums, sondern von der Gestaltungskraft, dem Kunstschaffen und der Vorstellungswelt der mesoamerikanischen Kulturen.

> **Stele mit Relief**

Santa Lucia Cozumalhuapa,
Guatemala, 500–900 nach Chr.
Stein, H 293 cm, B 93 cm
Inv.-Nr. IV Ca 7163

Im Gebiet der Cozumalhuapa-Kultur an der pazifischen Abdachung in Guatemala kam bei Rodungsarbeiten für Kaffeeplantagen in den siebziger Jahren des 19. Jahrhunderts eine Reihe großer Steinskulpturen zum Vorschein. Der Museumsgründer Adolf Bastian schloss mit dem Besitzer der Hacienda einen Vertrag, durch den die archäologischen Stücke für Berlin gewonnen werden konnten. Mit Hilfe dort ansässiger Architekten und Helfer wurden die Steine mühsam auf Ochsenkarren 50 km zum Hafen von San José transportiert, um dort von Schiffen übernommen zu werden. Zuvor hatte man die reliefierte Seite der tonnenschweren Stelen abgetrennt. Die Reliefs der acht Stelen gehören thematisch zum Komplex des rituellen Ballspiels.

Bei diesem Ballspiel war ein Kautschukball mit der Hüfte durch einen Steinring zu stoßen. Die Spieler trugen deshalb einen Hüftschutz, *Yugo* (Joch). Den symbolischen Charakter des rituellen Ballspiels veranschaulicht der Schöpfungsmythos der Quiché-Maya, in dem die göttlichen Zwillinge in die Unterwelt (Xibalba) zitiert wurden, um sich dort mit den Herren von Xibalba im Spiel zu messen, und sie diese schließlich besiegen.

Ein Ballspieler mit Hüftschutz und aufwändigem Kopfputz, steht auf dem Rumpf eines unterlegenen Spielers, der soeben getötet wurde. Der Spieler hält noch das Feuersteinmesser in der Hand, in der anderen den abgetrennten Kopf des Gegners, aus dessen Hals Blut in Form von Schlangen fließt.

Die symbolische Bedeutung des Ballspiels wird auf den Bildern der acht Stelen auch dadurch deutlich, dass die Spieler mit Götterfiguren kommunizieren.

V **Geröllblock, in Form einer menschlichen Figur bearbeitet**

Concepción, Guatemala,
späte Präklassik (500–300 vor Chr.)
Stein, H 116 cm, Bauchumfang:
241 cm; Napp 1881
Inv.-Nr. IV Ca 7197 (Monument 47)

Der namengebende Hauptfundort solcher bearbeiteter Geröllblöcke ist Monte Alto im guatemaltekischen Küstentiefland. Die Form und Größe des natürlichen Steinblockes bedingte

die Größe der steinernen Köpfe und Figuren. Der Geröllblock wurde mit den notwendigen expressiven Details so bearbeitet, dass die Transformation in eine grobe, archaische Figur (möglicherweise eine Gottheit) erreicht wurde, die die Menschen erkennen und wertschätzen konnten.
Die Steinskulptur, die 1880 nach Berlin verschifft wurde, teilt wesentliche Merkmale mit den Monte Alto-Skulpturen. Sie stammt aus Concepción, circa 15 km nordöstlich von Monte Alto gelegen. An dem dicken Bauch ist der hervortretende Nabel auffällig. Die angewinkelten Arme umklammern den geschlechtslosen Körper. Der unproportional große Kopf mit einem deutlich herausgearbeiteten Scheitel sitzt halslos auf dem Oberkörper auf. Die Augenlider wirken angeschwollen. Die Ohren sind mit runden Pflöcken geschmückt. Die Figur trägt einen Kragen aus dreieckigen Verzierungen.
Die Küstenebene und die südlichen Abhänge der Vulkankette in Guatemala gehören zu den noch am wenigsten erforschten Regionen Mesoamerikas. Das Gebiet bot günstige geologische und klimatische Bedingungen für eine frühe Besiedlung, mit fruchtbaren Böden, Flüssen, dem Zugang zum Meer und einer reichen Flora und Fauna.
In der gesamten Region gibt es zahlreiche Fundorte aus der späten Präklassik. Es handelt sich um Überreste einer olmekisch beeinflussten, aber eigenständigen regionalen Entwicklung der Häuptlingstümer mit zum Teil schon komplexeren Siedlungen.

↗ **Reliefiertes Dreifußgefäß**

Guatemala, Maya, Frühklassik
(435–500 nach Chr.); Ton, H 13 cm
Kunsthandel 1995
Inv.-Nr. IV Ca 49845, Vitrine 1

Das schwarze Dreifußgefäß wurde vermutlich bei einem höfischen Maya-Künstler als Grabbeigabe für einen Königssohn in Auftrag gegeben. Die hieroglyphische Weihinschrift auf den Gefäßfüßen lautet paraphrasiert: »Dies ist die Einweihung des dünnwandigen Trinkgefäßes von UCH'ANIB, dem

Kind von ITZA AHAW« (dem König der Itza).
Ein einzigartiges Zeugnis frühklassischer Maya-Kunst und -Religion bilden die zwei komplexen Szenen. Über dem aufgebahrten Leichnam ist eine Kartusche mit der Bedeutung »Portal« zu sehen. Darin wiederum steht das Zeichen für »Blume«, eine Metapher für die menschliche Seele. Die Darstellungen eines Spinnenaffen und eines Jaguars beidseitig der Kartusche ist als alter ego des Verstorbenen zu interpretieren. Den linken Fuß der Totenbahre ziert eine Hieroglyphe mit der Bedeutung »er trat seinen Weg an« (in die Unterwelt). Diese schriftliche Information deckt sich mit der bildlichen. Dass die Bestattungsszene im Übergang von der irdischen zur Unterwelt spielt, illustriert das für Szenen in der der gleichen »Weltschicht« typische Band mit Wasserpflanzen und -tieren. Die Trauernden sind in außergewöhnlich lebendiger Haltung abgebildet, einige mit Tränen auf den Wangen.
Unter der fünfstufigen Pyramide der zweiten Szene liegt leicht angewinkelt das Skelett des Mannes, der in der Weihinschrift als Besitzer des Gefäßes genannt ist. Auf der ersten Stufe, ruhen drei mit dem Kopf im Profil gezeigte Götter, die sich mit den Händen abstützen. Aus ihren Oberkörpern wachsen Bäume in ein mit Schlangen, Eule und Echse bevölkertes Dickicht.
Die Figuren sind durch Hieroglyphen über ihren Köpfen individualisiert. Der Name der mittleren Figur ist identisch mit der Glyphe in der Weihinschrift. Das rechtfertigt die Annahme, dass dieses Gefäß als Grabbeigabe für den Königssohn hergestellt wurde und Tod, Auferstehung und die Ahnenverehrung Themen des Reliefs sind. Die beiden äußeren Figuren

sind möglicherweise Vater und Mutter des Verstorbenen.
Das Gefäß ist in seiner technischen Perfektion und weltweit thematischen Einzigartigkeit ein wertvolles Schlüsseldokument für neue Einsichten in die Vorstellung vom Endschicksal des Menschen und in wesentliche Bereiche der Religion und Mythologie der Maya in der Frühklassik.

V **Polychrome Zylindervase mit Kriegsszene**

Maya, Spätklassik,
(600 – 900 nach Chr.); Ton,
H 18,9 cm; Kunsthandel 1999
Inv.-Nr. IV Ca 50112, Vitrine 2

Die polychrom bemalte Vase stellt ein einmaliges Zeugnis des prominenten Themenkomplexes Krieg dar.
Die Szene gibt in dramatischer Weise die Konfrontation zwischen zwei verfeindeten Gruppen wieder. Zwölf Krieger sind direkt oder indirekt an einem Kampf beteiligt, aus dem drei als Gefangene hervorgehen.
Die Krieger sind mit federverzierten Lanzen bewehrt und tragen baumwollene Schutzpanzer. Die hochgebundenen Haare schmücken Federn, Tiermasken und Trophäenköpfe, die den Feind einschüchtern sollen.
Eine der zentralen Figuren demonstriert ihre Macht durch den aufwändigen Federkopfschmuck und das Hemd aus Jaguarfell. Der Jaguar ist Inbegriff für Stärke und Macht.
Außerdem wird die Tapferkeit dieses Kriegers durch drei vor der Brust hängende Trophäenköpfe zur Schau gestellt.
Die Unterwerfung von Gefangenen wird bei den Maya durch den Griff am Haarschopf sowie durch das Entkleiden und Niederzwingen auf den Boden dokumentiert. Der sich noch wehrende Gefangene mit dem Perlenkopfschmuck und dem schwarzen Schutzpanzer dürfte wegen des Trophäenkopfes vor seiner Hüfte einst selbst ein erfolgreicher Krieger gewesen sein. Der schon weiter in die Knie gezwungene Gefangene hat die Waffen bereits gestreckt. Der dritte Gefangene ist komplett entwaffnet, bis auf den Lendenschurz entkleidet und kauert besiegt am Boden.
Durch die heute zum Großteil lesbaren historischen Hieroglyphentexte kristallisieren sich nach und nach die komplexen politischen Zusammenhänge der klassischen Maya-Gesellschaft heraus. Lange galten die Maya als friedliebendes Volk, dessen Elite sich den Himmelsbeobachtungen und esoterischen Dingen hingab. Erst seit wenigen Jahrzehnten weiß man, dass Allianzen und Kriege zwischen den zahlreichen Stadtstaaten zum politischen Alltag gehörten.

^ **Miniatur eines so genannten Kolossalkopfes**

Golfküste, Mexiko, La Venta-Kultur (Olmeken), Präklassik (1000–500 vor Chr.); Grünstein, H 3,1 cm, B 2,6 cm
Sammlung Uhde 1861
Inv.-Nr. IV Ca 1304, Vitrine 6

In der Zeit zwischen 1200–500 vor Chr. entwickelte sich an der mexikanischen Golfküste die Olmeken-Kultur, die als Mutterkultur in Mittel- und Zentralamerika gilt. Die Olmeken bauten die ersten planmäßigen Stadtanlagen mit öffentlichen Gebäuden und Pyramiden; sie trieben Fernhandel, über den sie kulturelle Impulse und großen Einfluss auch auf weit abgelegene Gebiete ausübten. Zu ihren geistigen Schöpfungen gehört die Entwicklung von Schriftzeichen und eines Kalendersystems. Die Olmeken hinterließen nicht nur architektonische Überreste, die die Existenz einer geschichteten Gesellschaft belegen, sondern auch Keramik und Steinartefakte. Die übergroße Wertschätzung grüner Steine wird in dieser Kultur zum ersten Mal greifbar. Bis zur spanischen Eroberung waren Jadeit, Serpentin und andere Grünsteine, die aufgrund ihrer Farbe auch hohen symbolischen Wert besaßen (Wasser, Himmel, Vegetation), bei allen Völkern das kostbare Material, aus dem Opfergaben, religiöse Paraphernalia und Luxusgegenstände hergestellt wurden. Ein besonders eindrucksvolles Beispiel der perfekten Grünsteinbearbeitung ist der nur 3 cm große Kopf, der eine Miniaturausgabe der wohl bekanntesten Überreste der Olmeken-Kultur ist, den überdimensionalen, bis zu 3 m hohen, so genannten Kolossalköpfen. Vermutlich stellen diese Köpfe Porträts von Würdenträgern dar. Es ist erstaunlich, wie man die Monumentalität der riesigen Kopfskulpturen auf dieses Grünsteinartefakt übertragen hat.

^ **Tonfigur, Hund**

Colima, Westmexiko, 300 vor Chr. – 300 nach Chr.
Ton, H 31,8 cm, L 44 cm
Sammlung Vogel 1911
Inv.-Nr. IV Ca 34429, Vitrine 9

In den heutigen westmexikanischen Bundesstaaten Nayarit, Jalisco und Colima kam ab 1600 vor Chr. eine eigenständige Keramiktradition und

eine Gräberform auf, die in Mesoamerika keine Vorläufer hat. Über 1000 Jahre später entwickelten die dortigen Völker daraus eine Art von Keramik, die sich durch ihre mannigfaltigen figürlichen und lebendigen Darstellungen von Menschen (Akrobaten, Krieger), Tieren (Muscheln, Vögel, Schildkröten, Hunde), Pflanzen (Kürbis) und Motiven aus dem täglichen Leben auszeichnet. Die Tonskulpturen wurden in tiefen Schachtnischengräbern gefunden.
Der im vorspanischen Mexiko heimische Hund war ein haarloses Tier, das als Nahrungsquelle diente und auch gemästet wurde. In Zentralmexiko herrschte die Vorstellung, dass eine Person, die am Tag mit dem Kalendernamen »4 Hund« in dem Kalenderabschnitt »1 Hirsch« geboren wurde, niemals Hunger leiden würde. Hunde dachte man sich als Begleiter der Toten auf ihrer Reise in die Unterwelt, weshalb zahlreiche Hundefiguren in den Bestattungen gefunden wurden.

> Ohrpflock aus Obsidian

Michoacan, Postklassik
(1000–1520 nach Chr.)
Obsidian, H 3,5 cm, Ø 6,2 cm
Sammlung Alexander von Humboldt, 1803/04
Inv.-Nr. IV Ca 229, Vitrine 10

Der deutsche Naturforscher und Gelehrte Alexander von Humboldt (1769–1859) hielt sich 1803/04 in der Hauptstadt Mexikos auf. Von dort aus besuchte er Ruinenstätten und besichtigte kurz zuvor ausgegrabene Steinmonumente aus dem alten Tempelbezirk der aztekischen Hauptstadt. Von Humboldt wusste als erster europäischer Reisender die Kultur der Indianer, vor allem die Zeugnisse ihrer damals noch wenig beachteten Vergangenheit, zu würdigen. Er brachte etliche archäologische Gegenstände mit nach Europa. Darunter sind Bilderhandschriften aus der frühen Kolonialzeit (heute in der Staatsbibliothek), zwei Götterfiguren aus Basalt (im Depot des Museums) und ein aus Holz geschnitzter, mit Türkis- und Muschelmosaik bedeckter Doppeljaguar. Dieser ist ebenso wie die später nach ihm benannte Scheibe aus grünem Stein und die so genannte Humboldt-Axt aus Nephrit seit dem Zweiten Weltkrieg verschollen.
Ein weiteres Objekt aus der Sammlung von Humboldt ist der perfekt erhaltene große Ohrpflock aus Obsidian, einem vulkanischen Glas. Das dünnwandige, durchscheinende Schmuckstück dürfte von Humboldt nicht nur als technische Meisterleistung aufgefallen sein, sondern auch wegen des Materials. Obsidian war wegen seiner Härte und der Schärfe seiner Kanten ein wichti-

ges Rohmaterial für Werkzeuge und für Speer- und Pfeilspitzen. Häufig wurde Obsidian zu Lippen-, Ohr- und Nasenschmuck verarbeitet. Die Edelmetallverarbeitung war in der klassischen Zeit in Mesoamerika unbekannt.

^ **Steinmaske, menschliches Gesicht**

Zentralmexikanisches Hochland, Teotihuacán, Klassik (200 – 750 nach Chr.)
Stein, H 19,5 cm, B 18,5 cm
Sammlung Uhde 1861
Inv.-Nr. IV Ca 3017, Vitrine 12

Unter den Stücken der 1861 für Berlin ersteigerten Sammlung Uhde befand sich dieses hervorragende Beispiel vorspanischer Steinmetzkunst. Die Maske stammt aus Teotihuacán, circa 50 km von der mexikanischen Hauptstadt entfernt gelegen. In Teotihuacán, der dominierenden Metropole im 1. Jahrtausend nach Chr., wurden mehr Steinmasken gefunden als in irgendeiner anderen Region Mexikos. Lange vermutete man, es handle sich um Grabbeigaben, aber tatsächlich fand man in Bestattungen diese Masken nicht. Obwohl Hunderte solcher Steinmasken bekannt sind, gibt es nur wenige, die in einer wissenschaftlichen Grabung zum Vorschein kamen, und zwar in Räumen von Verwaltungsgebäuden und Tempeln. Die meisten Masken sind zu groß und zu schwer, um jemals getragen worden zu sein; außerdem sind die Augen nicht durchstochen.
An den Ohren sind oft Durchbohrungen angebracht, die wahrscheinlich in erster Linie dazu dienten, die Masken menschlichen Figuren aus Holz vorzubinden, die dann, wenn sie dazu noch geschmückt waren, den kostbaren großen Steinfiguren ähnlicher waren.

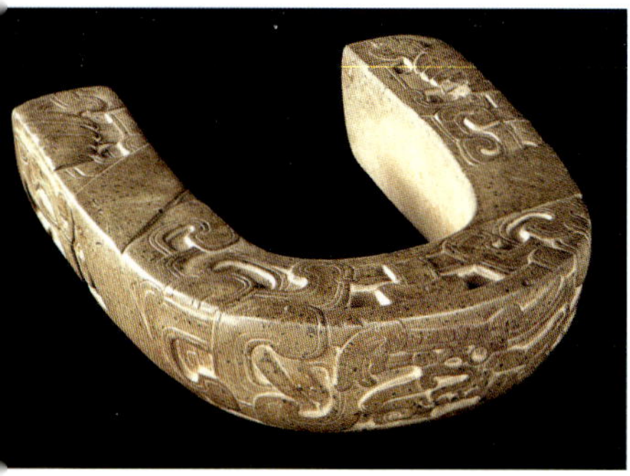

∧ **Steinjoch mit Relief (Yugo)**

Golfküste, El Tajín, Klassik
(600–900 nach Chr.)
Stein, H 42 cm, B 36,5 cm
Sammlung Strebel 1890
Inv.-Nr. IV Ca 13704, Podest Golfküste

Der *Yugo* ist ein Gegenstand, der zur Ausrüstung der Spieler beim rituellen Ballspiel gehörte.
In allen größeren Zentren Mesoamerikas wurden Ballspielplätze entdeckt. Ein Zentrum des rituellen Ballspiels war ohne Zweifel El Tajín an der mexikanischen Golfküste, wo allein mindesten elf Ballspielplätze gebaut worden waren. Das Ballspiel war mehr ein kultischer Akt als ein sportlicher Wettkampf. Die gegnerischen Parteien standen für widerstreitende Mächte wie Licht und Finsternis, Regenzeit und Trockenzeit, Leben und Tod. Die unterlegene Mannschaft hatte bei den Zeremonien nach dem Spiel mit dem Tod durch Enthaupten zu rechnen – ein Menschenopfer für die Götter.
Der massive Kautschukball, dessen Flugbahn den Lauf der Sonne symbolisierte, musste mit der Hüfte durch einen Steinring an der Begrenzungsmauer des Spielfeldes gestoßen werden. Die Ballspieler trugen zum Schutz eine Ausrüstung, deren wichtigster Bestandteil ein hufeisenförmiger Hüftgürtel war, der so genannte *Yugo*. Steinerne *Yugos*, die vor allem im mexikanischen Bundestaat Veracruz in großer Anzahl ausgegraben wurden, könnten wohlmöglich bei den Zeremonien nach dem eigentlichen Spiel getragen worden sein. Auf Ballspielplätzen selbst hat man bis heute keine *Yugos* ausgegraben. Sie wurden meist in rituellen Depots sowie in direktem Zusammenhang mit menschlichen Bestattungen gefunden.

∨ **Figurengefäß, Göttin »13 Schlange«**

Zaachila, Oaxaca, zapotekisch,
Klassik, Monte Albán III
Ton, H 39,7 cm, B 26,8 cm
Sammlung Seler 1890
Inv.-Nr. IV Ca 11158, Vitrine 18

Eine Gruppe zapotekischer Figurengefäße mit gemeinsamen ikonografischen Merkmalen wird mit dem

Kalendernamen »13 Schlange« bezeichnet. Die Mais- und Vegetationsgöttin »13 Schlange« trägt eine aus Strängen geflochtene Krone, die oft mit runden, kreuzverzierten Perlen besetzt ist. Ebenso wie diese Verzierungen an der turbanartigen Kopfbedeckung war wohl auch der Ohrschmuck aus kostbarem Grünstein gefertigt. Die Priesterinnen legten diese Attribute bei den Zeremonien zu Ehren der Göttin »13 Schlange« an. Der Hals ist mit einer einreihigen Perlenkette geschmückt. Bekleidet ist die Göttin mit der üblichen Frauentracht, einem Wickelrock und einem Überwurf.

Solche Figurengefäße wurden im Süden Mexikos, in Bestattungen der so genannten Monte Albán-Kultur, zahlreich gefunden.

Wenngleich in den 1970er Jahren erste Zweifel an der Authentizität einiger Figurengefäße aufkamen, war es damals noch nicht möglich, diese stichhaltig zu begründen, da weltweit zu wenig chronologisch und stilistisch korrekt dokumentiertes Vergleichsmaterial vorlag. Erst Ende der 1980er Jahre konnte durch eine Reihenuntersuchung mittels der Thermolumineszenz-Datierung der Verdacht bestätigt werden. In mehreren großen Museen weltweit befand sich eine beträchtliche Anzahl von um 1910 gefälschten Figurengefäßen. Die Berliner Fälschungen werden heute im Depot verwahrt. An diesem Beispiel lässt sich die wachsende Bedeutung archäometrischer Analyseverfahren erkennen. Es zeigt, dass die Fälschung von Objekten auch im Bereich der amerikanischen Archäologie eine lange Tradition hat, die noch viel weiter zurückreicht als dieses anschauliche Beispiel.

∧ **Speerschleuder**

Mixteca, Mexiko, mixtekisch-aztekisch, (Mitte 14. Jahrhundert bis 1521); Holz mit Bemalung, L 60 cm; Sammlung Felix 1889
Inv.-Nr. IV Ca 7870, 7821, Vitrine 23

Im vorspanischen Mexiko sind Götter und Menschen häufig in Kriegsausrüstung abgebildet. Sie tragen Schilde und Waffen, darunter mit Obsidianklingen gespickte Holzkeulen (*macuahuitl*), Pfeile, Speere und Speerschleudern (*atlatl*). Meist wurden die Waffen im Kampf eingesetzt, um den Gegner außer Gefecht zu setzen und gefangen

zu nehmen, nicht jedoch um ihn gleich zu töten. Gefangene wurden später bei öffentlichen Zeremonien geopfert. Das Blut und die Herzen geopferter Krieger waren nach aztekischer Vorstellung für die Ernährung der Götter notwendig und sicherten somit auch das menschliche Leben. Krieger genossen in der aztekischen Gesellschaft hohes Ansehen. Getötete Krieger hatten daher auch das Privileg, die Sonne auf ihrem Weg bis zum Zenith begleiten zu dürfen.
Die mit Hilfe des *atlatl* geschleuderten Wurfpfeile und Speere erreichten wegen der verstärkten Hebelwirkung eine größere Durchschlagskraft als mit dem Arm geworfene Speere. Sie wurden auch bei der Jagd eingesetzt. Die beiden Speerschleudern aus dem Süden Mexikos sind mit einem Relief überzogen und waren bunt bemalt.

Zwischen dem aztekischen Kernland im Hochtal von Mexiko und dem Verbreitungsgebiet der mixtekischen Kultur im Bergland der Mixteca Alta sowie der zapotekischen Kultur im Hochtal von Oaxaca befindet sich ein multiethnisches Kulturareal, das Wissenschaftler unter dem Begriff Mixteca-Puebla zusammenfassen (Mixteca Puebla-Stil, Mixteca Puebla Horizont). Das Kerngebiet befindet sich im heutigen mexikanischen Bundesstaat Puebla, insbesondere im Raum der beiden Städte Cholula und Tlaxcala, sowie in dem von Mixteken bewohnten Teil des mexikanischen Bundestaates Oaxaca.
Während des Postklassikums – mit dem frühesten Nachweis um 950 nach Chr. (Lind 1994: 81) – entstand in diesem Gebiet die Tradition der Herstellung elaborierter

∧ **Polychrome Schale**
Cholula, Mexiko, Postklassik (ca. 1350–1550)
Ton, H 12,5 cm, ob. Ø 16,9 cm
Sammlung Dorenberg um 1889
Inv.-Nr. IV Ca 7895, Vitrine 24

polychromer Keramik und Bilderhandschriften, die komplexe Inhalte über Mythologie, Religion, Geschichte und Ökonomie darstellen. Sowohl die polychrome Gefäßmalerei als auch die Herstellung von Bilder-

handschriften, teils als Leporellos (Codices), teils in Form großer Stofftücher (Lienzos) ist noch bis in die frühe Kolonialzeit nachweisbar. Der Mixteca Puebla-Stil breitete sich während des Postklassikums (1350–1550) über weite Teile Mesoamerikas aus.
Aus der umfangreichen Sammlung polychromer Keramik im Mixteca Puebla-Stil des Ethnologischen Museums wird hier eine Schale aus Cholula vorgestellt, die der in Puebla lebende deutsche Konsul Joseph Dorenberg dort vor 1889 erwarb.
Die Kelchform des Gefäßes und seine Bemalung sind typisch für Cholula Catalina- Keramik. Auf rötlich-gelbem Grund sind Dekorbänder aufgemalt. Das mittlere Band zeigt ein Augen- oder Stern-Motiv und in dem unterhalb des Randes sieht man stilisierte Kalenderzeichen.

> **Reliefplatte mit der Darstellung einer Selbstkasteiung**

Golfküste, huaxtekisch,
Postklassik (1000–1250 nach Chr.)
Stein, H 174 cm, B 132 cm, T 22 cm
Kunsthandel
Inv.-Nr. IV Ca 46141, freistehend rechts neben Vitrine 21

Freistehende Reliefplatten sind in der huaxtekischen Kunst selten.
Ein Pendant zu dem Berliner Stück besitzt das Nationalmuseum in Mexiko-Stadt. Beide Reliefs stammen aus Huilocintla in der Huaxteca und behandeln das gleiche Thema: eine Selbstkasteiung.
Die Hauptperson ist ein Priester des Windgottes Ehecatl. Er kann als solcher durch seinen Brustschmuck identifiziert werden. Das quer durchgeschnittene Gehäuse einer Meeresschnecke ist ein Symbol des Windgottes Quetzalcoatl-Ehecatl. Von großer Bedeutung für die Feldbau betreibende Gesellschaft waren die Zeremonien, mit denen der Regenwolken bringende Windgott wohlwollend gestimmt werden sollte.
Das Relief zeigt den mit Kopfputz geschmückten und mit Schurz und Sandalen bekleideten Priester, wie er sich mit einem dornenbesetzten Stab die Zunge durchsticht, um ein Blutopfer darzubringen. Der kleine Jaguar oben in der Bildmitte ist der Kalendername des Priesters »1 Jaguar«.
Vor dem Priester steht ein mit

Schild und Speeren bewaffneter Krieger mit Tierhelm. Begleitet wird die Selbstopferszene von einer Todesgottheit. Selbstkasteiungen dienten der Visionssuche und der Götterverehrung.

und dem »Windgeschmeide«, einem quer durchgeschnittenen Schneckengehäuse dargestellt. Ausgestattet mit einer Schnabelmaske repräsentiert er Quetzalcoatl-Ehecatl, den Windgott, der ein Aspekt dieser Gottheit ist.

∧ **Skulptur der Federschlange Quetzalcoatl**

Zentralmexikanisches Hochland, aztekisch, Postklassik, (Mitte 14. Jh. – 1521); Stein, H 25 cm, B 89 cm, T 93 cm
Sammlung Uhde 1861
Inv.-Nr. IV Ca 46166, Aztekenpodest

Die zusammengerollte und gefiederte Schlange mit Adlerkopf stellt den Gott Quetzalcoatl dar (*quetzalli* = Quetzalvogel, *coatl* = Schlange). Es handelt sich um eine Klapperschlange mit den deutlich sichtbaren Rasseln. Am Hinterkopf ist die Hieroglyphe *chalchihuitl* (Edelstein) eingemeißelt. Bereits in vorchristlicher Zeit taucht in der La Venta-Kultur an der Golfküste zum ersten Mal die Abbildung einer gefiederten Schlange auf. Im aztekischen Imperium der Postklassik ist der Gott meist in menschlicher Gestalt mit einer kegelförmigen Kopfbedeckung

Quetzalcoatl ist einer der meistverehrten Götter im aztekischen Pantheon. In den Mythen von der Erschaffung der Welt spielt Quetzalcoatl-Ehecatl eine zentrale Rolle als Schöpfergott und Kulturbringer. Im Kontext mit der Erschaffung von Erde und Himmel, rettete er zusammen mit dem Gott Tezcatlipoca die Knochen der Menschheit aus der Unterwelt und schuf hierbei die gegenwärtige Menschheit. Er war zugleich Fruchtbarkeitsgott, Venusgott, Kulturbringer und Urpriester.

Das Mischwesen aus Reptil und Vogel – eine Schlange, die fliegen kann – verdeutlicht das dualistische Prinzip, das für die mesoamerikanische Religion so typisch ist. Das Reptil steht als sich häutendes Tier für Erneuerung, für Wiedergeburt und Transformation, für das zyklische Denken im vorspanischen Mexiko.

V **Steinschale, cuauhxicalli**

Zentralmexikanisches Hochland, aztekisch (Mitte 14. Jh.–1521)
Augit-Porphyr, H 14 cm, Ø 9,5 cm
Sammlung Waagen 1844
Inv.-Nr. IV Ca 1, Vitrine 27

Opferblutschalen wurden im Aztekischen *cuauhxicalli* genannt (Adlerschale). Der Adler (*cuauhtli*) war das Symbol der Sonne. Meist waren es die Herzen von gefangenen Kriegern, die die Azteken in solchen Schalen der Sonne darbrachten. Nach aztekischer Vorstellung hatten die Götter einst ihr Blut für die Menschen gegeben, nun waren menschliche Opfer zur Erhaltung der Sonne und der kosmischen Ordnung notwendig. Mit dem Blut benetzten die Priester die an den Tempeln aufgestellten steinernen Bildnisse ihrer Gottheiten, um sie zu verehren und ihnen Speise zu reichen.

Die Adlerschale ist perfekt erhalten und auch wegen ihres hochwertigen Materials weltweit einzigartig. Sie ist auf allen Flächen von einem Relief überzogen. Im Innern ist das Motiv die Sonnenscheibe mit dem Kalenderzeichen »4 Bewegung«, dem Symbol für die fünfte, damals gegenwärtige Weltschöpfung, die durch ein Erdbeben zu Ende gehen sollte. Die Außenwand ist mit einer Reihe von kleinen Kreisen verziert, die kostbare Edelsteine darstellen. Darüber reihen sich stilisierte Adlerfedern als Symbole der Krieger aneinander. Den Rand der Adlerschale bildet ein Kranz von 18 stilisierten Herzen. Auf der Unterseite erscheint das Bild des Erdmonsters *tlaltecuhtli*.

Das Relief spiegelt in kunstvoller Weise wesentliche Teile des aztekischen Weltbildes wider.

V **Modell eines Doppeltempels**

Zentralmexikanisches Hochland, aztekisch, Postklassik (Mitte 14. Jh. – 1521)
Ton, H 20 cm, B 18,2 cm, T 17,2 cm
Sammlung Uhde 1961
Inv.-Nr. IV Ca 2429, Vitrine 28

Anders als etwa die Maya errichteten die Azteken im zentralmexikanischen Hochland auf den Pyramiden nicht selten Doppeltempel. Die beiden Tempel auf der Hauptpyramide des geheiligten Templo Mayor-Bezirkes in der aztekischen Hauptstadt waren dem Regengott Tlaloc und der aztekischen Schutzgottheit Huitzilopochtli

geweiht. In den Tempeln, entrückt vom Volk, kommunizierten die Priester mit den Göttern und brachten Opfer dar.

Modelle von Tempelpyramiden könnten ebenso wie kleine Götterbildnisse aus Ton oder Stein auf den Hausaltären in den Hütten des Volkes gestanden haben und dienten der täglichen Andacht. Meist sind es die für eine Feldbau betreibende Bevölkerung wichtigen Wasser- und Fruchtbarkeitsgötter, die im privaten Bereich verehrt und um günstigen Einfluss angefleht wurden.

> **Torso der Gottheit Xipe Totec, »Unser Herr, der Geschundene«**

Zentralmexikanisches Hochland, aztekisch, späte Postklassik (Mitte 14. Jh. – 1521)
Stein, H 50,5 cm, B 20 cm, T 18 cm
Sammlung Marx 1907
Inv.-Nr. IV Ca 32496, Aztekenpodest

Eine wichtige Vegetationsgottheit im aztekischen Pantheon war Xipe Totec, »Unser Herr, der Geschundene«. Den Kult um Xipe Totec gab es allerdings schon lange vor den Azteken.
Die meisten Xipe Totec-Skulpturen zeigen eine männliche Figur in der übergestreiften Haut eines Geschundenen. Manche Figuren haben an der Stelle einen Einschnitt, wo vor dem Schinden das Herz herausgenommen worden war. Die Haut ist an mehreren Stellen sehr sorgfältig zusammengebunden.
Xipe Totec war Patron der Goldschmiede, die ihm reiche Opfergaben darboten. Während des 20-tägigen Tlacaxipehualiztli-Festes ihm zu Ehren streiften sich junge Männer die Haut von getöteten Gefangenen über. Die Goldschmiede schmückten die

Priester des Gottes mit roten Löffelreiher-Federn und goldenem Schmuck. Zur Zeit der spanischen Eroberung fiel das Fest des Vegetationsgottes Xipe Totec in den Frühling, in unseren Monat März; auch deutet die Symbolik auf die landwirtschaftliche Erneuerung hin, wenn aus den verrotteten Hüllen der alten Pflanzen neue Triebe hervorsprießen. Entsprechende Erneuerung symbolisiert der Ritus zu Ehren von Xipe Totec. Priester streiften sich die Haut von Geschundenen über, um dann aus der verrotteten Haut wieder hervorzutreten.

V **Lienzo Seler II**

Mixteca, frühkolonialzeitlich (vor 1600); Baumwolle bemalt, H 3,75 m, B ca. 4,25 m
Sammlung Seler um 1897
Inv.-Nr. IV Ca 46178

Zur Zeit der spanischen Eroberung war die im heutigen Bundesstaat Puebla gelegene Stadt Cholula das wichtigste religiöse Zeremonialzentrum Mesoamerikas. Die Spanier verglichen sie in ihrer Funktion mit Rom und Mekka.
Anders verhielt es sich mit den weiter südlich, im heutigen Gebiet von Oaxaca gelegenen multiethnischen Ortschaften im Tal von Coixtlahuaca. Hier war man bemüht, die eigene Bedeutung als lokales Zentrum auch nach der spanischen Eroberung vor Rivalen und der spanischen Verwaltung in Form von Aufzeichnungen zu belegen. Auf vorspanische Tradition gehen die so genannten Lienzos zurück, große Baumwolltücher mit mythisch-historisch-genealogischen Aufzeichnungen. Mit ihnen sollten die lokalen Herrscherdynastien legitimiert und ihre Gebietsansprüche bestätigt werden. Die Spanier erkannten diese Art der Beweismittel an, insbesondere wenn sie eindeutige präkolum-

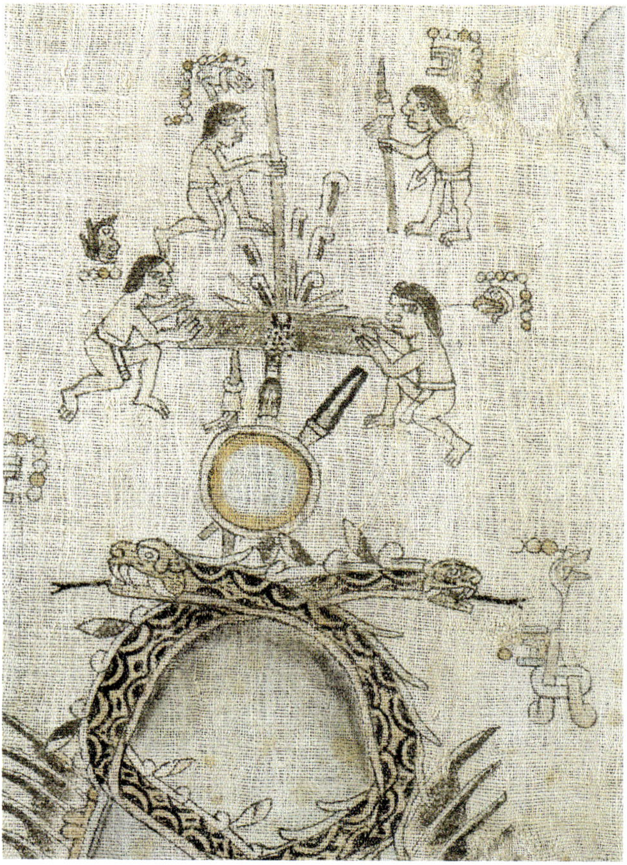

bische Inhalte und Stilelemente aufwiesen.
Das deutsche Forscherehepaar Eduard Seler und Caecilie Seler-Sachs hielt sich zur selben Zeit im Mixteca Puebla-Gebiet auf wie Konsul Dorenberg. Es gelang ihnen, den nach ihnen benannten großformatigen Lienzo Seler II von dem bekannten mexikanischen Sammler Manuel Martínez Gracida zu erwerben, der ihn offensichtlich direkt in der Ortschaft Coixtlahuaca erstanden hatte. In der Literatur wird das Dokument zuweilen als Lienzo Coixtlahuaca II bezeichnet, da das zentrale Ortszeichen (s. obere Hälfte links) den bedeutendsten, namengebenden Ort des Tals, Coixtlahuaca, abbildet.
Von dem durch eine Schlange sowie dem »Blutberg« (links) und dem »Herzberg« (rechts) gekennzeichneten Ortszeichen führen zwei Herrschergenealogien, bestehend aus zahlreichen Fürstenpaaren, nach oben. Eine Grenze aus Jaguarfell mit den entsprechenden Grenzorten kennzeichnet das beanspruchte Herrschaftsgebiet. Mit der Darstellung einer so genannten Neufeuerzeremonie (s. Abb.) wird auf die Einwanderung der fürstlichen Vorfahren sowie die Besitznahme und Gründung des Fürstentums von Coixtlahuaca Bezug genommen. In dieser Darstellung überwiegt klar der vorspanische Stil. Dass zumindest Teile der Eintragungen auf dem Dokument erst nach der Eroberung vorgenommen wurden, ist der Kampfszene, der Hinrichtung eines Indianers und der Darstellung eines spanischen Richters (links oben) sowie zweier um 1556 amtierenden spanischen Priester (rechts unten neben dem Kreis) zu entnehmen. Der Lienzo Seler II zählt in Umfang und Inhalt zu den bedeutendsten der insgesamt zwölf Exemplare der so genannten Coixtlahuaca-Gruppe, die offensichtlich im Auftrag verschiedener mixtekisch- und chocho-popoluca-sprachiger Gemeinden angefertigt wurden.

» Geneaologie des Tlatzcantzin

Gebiet von Tlaxcala,
Zentralmexiko, um 1600 nach Chr.
europäisches Papier,
H 80,5 cm B 56 cm
Sammlung Uhde 1861
Inv.-Nr. IV Ca 3014

Das Dokument zeigt einen Stammbaum von acht Generationen. In hierarchischer Abfolge sind die Kinder durch Linien mit dem genealogisch bedeutsamen Elternteil verbunden, auf den angeheirateten Elternteil wird verzichtet. Die männlichen Familienmitglieder sitzen auf niedrigen Schemeln, die weiblichen knien direkt auf dem Boden. Das Oberhaupt der jeweiligen Generation ist durch besondere Merkmale hervorgehoben. Die ausschließlich männlichen Sippenmitglieder der ersten und zweiten Generation sitzen in Häusern. Nur das Haus des Familiengründers und des dritten Sohnes sind in Vorderansicht gemalt. Letzterer erhält dadurch einen Sonderstatus in seiner Generation. Das Oberhaupt der Großfamilie und seine Söhne tragen persönliche Namen in aztekischer Bilderschrift. In der dritten Generation ist nur noch eine Person mit ihrer Namenshieroglyphe genannt, einem Herz (*yolotl*). In der Beischrift in lateinischen Buchstaben wird diese Person dann auch als *yoloteotl* bezeichnet. Die achte Person der Generationsreihe vier ist mit

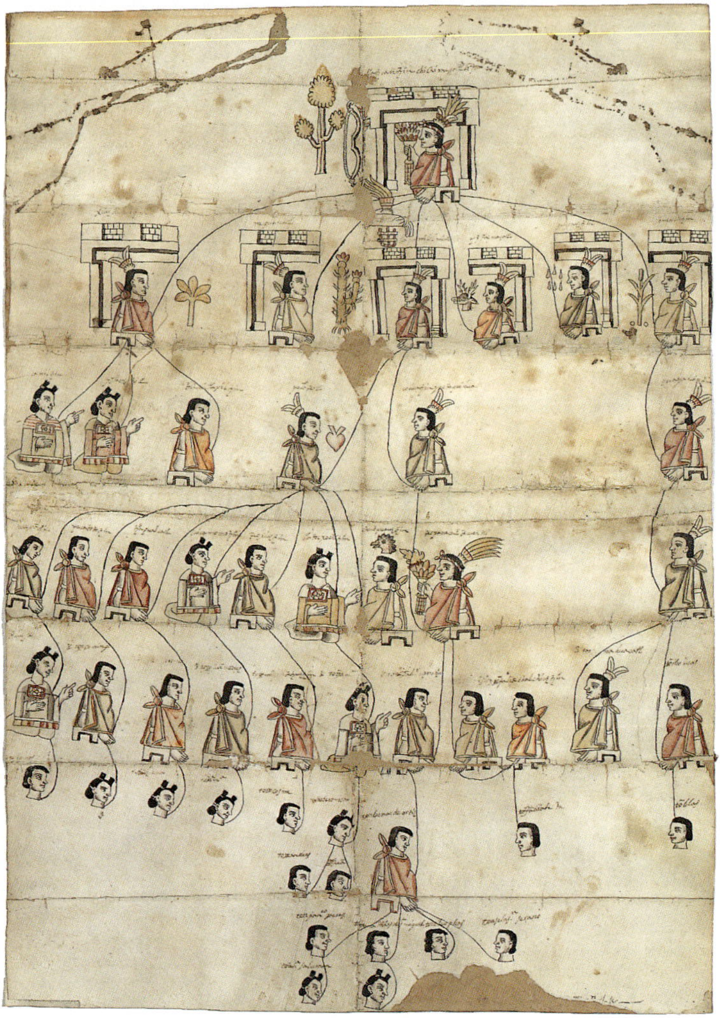

Attributen ausgestattet, die ansonsten nur der Stammvater der Fürsten von Tlaxcala trägt. In der fünften Generation ist die zehnte Person auffällig, die als einzige die gegabelten Reiherfedern als Kopfschmuck trägt, das Abzeichen hochrangiger Krieger.
In der sechsten, siebten und achten Generation sind die Nachkommen nur noch durch Köpfe repräsentiert, bis auf den mit der entsprechenden Autorität. In der letzten Generation gab es keine männlichen Sprösslinge mehr, sondern, wie man an der Frisur erkennen kann, zwei Frauen.
Als chronologischer Fixpunkt dient das erste Auftreten spanischer Namen in lateinischer Schrift. Zwischen der vierten und der fünften Generation dürfte daher die spanische Eroberung zeitlich angesetzt werden. Mythologisch-religiöse und historisch-genealogische Themen spielen in den bilderschriftlichen Dokumenten eine

zentrale Rolle. Ein Hauptanliegen genealogischer Aufzeichnungen bestand in dem Nachweis von Macht- und Territorialansprüchen führender Adelsfamilien gegenüber der spanischen Krone.

V **Federbildnis, Madonna auf der Mondsichel**

Pátzcuaro, Mexiko,
Ende 18. Jh.
H 27 cm, B 20,5 cm
Sammlung Alexander von Humboldt, 1803
Inv.-Nr. IV Ca 24

Kunsthandwerker bekleideten im aztekischen Reich wichtige Positionen, da sie spezielle Prestige- und Luxusprodukte für die Eliten herstellten. Mit der Ausbreitung des aztekischen Machtbereiches stieg das Spektrum der verwendeten exotischen Federn. Am begehrtesten waren die grün schillernden Schwanzfedern des Quetzal-Vogels. Die vorspanische Tradition des Federhandwerks wurde auch nach der Eroberung weitergeführt. Pátzcuaro entwickelte sich in der zweiten Hälfte des 16. Jahrhunderts

zu einem Zentrum für Kunsthandwerk, speziell für Gold- und Federarbeiten.
Das Federbild stellt die Madonna auf der Mondsichel dar. Alexander von Humboldt war beeindruckt von der Kunstfertigkeit der Federarbeiter und kaufte das Bildnis 1803 in Pátzcuaro. Besonders gerühmt wurde die Tatsache, dass den mexikanischen Künstlern die Nachahmung europäischer Motive nahezu mühelos geglückt war. Auffallend bei dieser extrem feinen und gut erhaltenen Arbeit sind die metallisch blau schimmernden Kolibrifedern. Seit dem Ende des 18. Jahrhunderts wurden die komplizierteren Teile des Bildes, hier Hände und Gesicht, unter europäischem Einfluss in Öl gemalt.

Der Andenraum

Der Andenraum umfasst das Gebiet des inkaischen Reiches und aller in diesem Territorium vorkommenden Kulturen auch aus vorinkaischer Zeit und bis in die Gegenwart, das heißt Archäologica und Ethnographica aus Ekuador, Peru, Bolivien, Nordwest-Argentinien und Nord-Chile sowie Archäologica aus Kolumbien, Venezuela und den Antillen. Der Bestand umfasst ca. 70 000 Objekte.

Neben Tongefäßen und -skulpturen, Stein- und Metallobjekten, Artefakten aus Muscheln und Knochen haben sich an der trockenen Pazifikküste Südamerikas auch zahlreiche organische Materialien erhalten, darunter auch die 60 Totenbündel und die ca. 7000 archäologischen Textilien des Museums, Waffen etc.

Lamaherde im andinen Hochland Perus
Foto: Manuela Fischer

Goldkammer

Gold wurde in Amerika fast ausschließlich in gediegenem Zustand aus Flüssen ausgewaschen. Häufig wurde dieses auch silberhaltige Metall mit Kupfer vermischt (*Tumbaga*), was den Vorteil eines geringeren Schmelzpunktes und wegen des Kupferanteils einer höheren Stabilität hat. Hergestellt wurden unter anderem Schmuck als Statussymbol, Ritualgegenstände und Votivgaben. Die häufigsten Verarbeitungstechniken sind die von Goldblechen und der »Guss-in-der-verlorenen-Form«. Man kannte auch eine Art »Vergoldung«, die Technik der »Mise-en-couleur«, bei der die Oberfläche von kupferhaltigen Goldobjekten zunächst erhitzt und anschließend in ein oxalsaures Pflanzenbad getaucht wurde, wodurch das Kupfer aus der Oberfläche gelöst und eine stärker goldhaltige Schicht an der Oberfläche entstand.

Kolumbien

Im mittleren Cauca-Tal und am Westabhang der Zentralkordillere der Anden erstreckt sich die archäologische Quimbaya-Region, aus der die technisch herausragenden Goldobjekte stammen, deren Verbreitung bis nach Costa Rica und Panama reicht.
Die vorherrschende Bestattungsform dort waren Schacht-Nischen-Gräber mit zum Teil reichen Beigaben von Goldobjekten in Form von Kalkbehältern, Schmuck oder Gebrauchsgegenständen sowie einer großen Zahl von Keramikgefäßen, Spinnwirteln, Tonfiguren und weiteren Artefakten.

< **Kalkbehälter in Form eines stehenden Mannes**

Kolumbien, Quimbaya,
200 – 1000 nach Chr.
Gold-Kupfer-Legierung,
H 26 cm
Inv.-Nr. V A 501, Vitrine 36

Vergoldete Behälter aus Flaschenkürbis dienten zur Aufbewahrung von gebranntem Muschelkalk, der für das Kauen getrockneter und gerösteter Cocablätter benötigt wird, um das Alcaloid aus den Blättern zu lösen.
Die Figur eines nackten, aber reich geschmückten Mannes trägt in jeder Hand jeweils einen Kalkbehälter mit einem Spatel. Die Flasche im »Guss-in-der-verlorenen-Form« gearbeitet, besteht aus einer Gold-Kupfer-Legierung, deren Oberfläche durch die Technik der »Mise-en-couleur« mit Feingold angereichert das heißt »vergoldet« ist.

Costa Rica

Der größte Teil der Sammlung von Goldobjekten aus Costa Rica wurde im Jahre 1908 in der Diquis-Region im Süden des Landes im Zuge der Urbarmachung für die Anlage von Bananenplantagen gefunden. Walter Lehmann, der sich zu dieser Zeit im Auftrag des damals Königlichen Museums für Völkerkunde in Costa Rica aufhielt, gelang es, außer einer umfangreichen Sammlung von Keramiken und Steinobjekten ein größeres Konvolut von Goldschmuck zu erwerben.

< **Brustschmuck in Form von zwei Spinnen**

Costa Rica, Gran Chiriquí,
800 – 1520 nach Chr.
Gold-Kupfer-Legierung,
H 10,5 cm, B 12,5 cm
Inv.-Nr. IV Ca 32022, Vitrine 34

Ein wegen seiner Größe und Schönheit außergewöhnliches Stück ist der Brustschmuck mit der Darstellung von zwei Spinnen, die in stilisierten Netzen sitzen. Die Hinterleiber der sehr naturalistisch dargestellten Spinnen wurden separat im »Guss-in-der-verlorenen-Form« gearbeitet und anschließend mittels Hakenösen in die Vorderleiber eingehängt. Die Hinterleiber sind somit beweglich und darüber hinaus als Schellen gearbeitet.

Peru

Ein Charakteristikum der Kulturen des südlichen Andenraumes ist die Verarbeitung von Gold- und Silberblechen – eine Technik, die dort weit häufiger vorkommt als der Metallguss. Neben Schmuckgegenständen (Ohrpflöcken, Diademen etc.) sind in großer Zahl Votivgaben von Menschen und Herdentieren aus Gold- und Silberblech gearbeitet.

< **Zeremonialmesser mit Silberklinge**

Peru, Lambayeque,
800 – 1370 nach Chr.; Silber, H 34 cm
Inv.-Nr. V A 64773, Vitrine 35

Das Zeremonialmesser (*tumi*) besteht aus einer silbernen, gegossenen Klinge mit einem Griff in Gestalt einer mit gekreuzten Beinen sitzenden Figur, die durch Ohrpflöcke als Würdenträger gekennzeichnet ist. Die Ohrpflöcke waren ursprünglich vermutlich mit farbigen Steinen verziert. In der Linken hält der Priester ein Messer, wie es bei Opferungen gebraucht wird. Tieropfer sind für die vorspanische Zeit nachgewiesen und bis heute in den Anden üblich.

Ekuador

Die Keramik der Valdivia-Kultur, benannt nach dem gleichnamigen Fundort im Süden Ekuadors, gehört zu den ältesten des südamerikanischen Subkontinentes.
Neuere Funde an den oberen Flussläufen ergaben, dass die frühen Küstenkulturen Ekuadors nicht ausschließlich auf Meeresressourcen angewiesen waren, wie man zunächst vermutet hatte, sondern bereits Landwirtschaft betrieben und verschiedene Naturräume nutzten. Funde von Meeresfischgräten im Landesinneren zeugen von frühen Beziehungen zur Küste.

> **Tonfigur**
Ekuador, Valdivia-Phase 3,
3000 – 3100 vor Chr.
Ton, H 7,2 cm
Inv.-Nr. V A 65374,
Vitrine 43

Das winzige Gesicht wird von einem dichten Haarschopf fast verdeckt, dessen Scheitellinie meist als tiefer Spalt bis über den Rücken läuft. Im Verlauf des 3. Jahrtausends entwickeln sich aus diesem Prototyp die »klassischen« Valdivia-Figurinen mit raffinierten Frisuren und weiblichen Formen.

Kolumbien

Im Quellgebiet des Magdalena-Flusses im Süden Kolumbiens befinden sich über ein weites Areal verstreut Erdhügel, in denen aus Steinplatten gefügte Gräber mit zum Teil mehreren Statuen gefunden wurden. Bisher sind etwa 500 solcher Wächterfiguren lokalisiert worden. Häufig handelt es sich um Darstellungen von Kriegern mit

Schutzgeistern auf dem Rücken oder tiermenschliche Gestalten mit Jaguarzähnen und Trophäenköpfen in den Händen.

∧ **Steinfigur eines Mannes mit Reißzähnen**

Kolumbien, San Agustín-Kultur, Isnos-Phase, 100–500 nach Chr.
Stein, H 106 cm
Inv.-Nr. V A 61987, neben Vitrine 41

Die Ikonographie von San Agustín (Jaguarmotive, Penisschurz) ist vermutlich durch Traditionen aus dem angrenzenden Amazonasgebiet beeinflusst.

Chavín

Ab etwa 900 vor Christus geht von Chavín de Huantar ein kultureller Einfluss aus, der fast den gesamten Norden Perus umfasst und auch das südliche Peru erreicht. In dieser Zeit beginnt ein reger Austausch von Gütern und Ideen zwischen den bis dahin relativ isolierten Regionen. Dazu zählen eine vielseitige Landwirtschaft und Viehzucht, neue Handwerkstechniken (echte Weberei, Goldblechverarbeitung) und nicht zuletzt gemeinsame religiöse Vorstellungen, repräsentiert in monumentaler Architektur, aber auch in einem strengen Kanon von Motiven auf Steinreliefs und -skulpturen und in der Kleinkunst, zu denen Raubkatzen, felide Wesen und bestimmbare Gottheiten (Stabgott) gehören. Gegen Ende des Formativums sind erneut regionale Entwicklungen zu beobachten, in der Chavín-Formen und -Motive mit lokalen Stilen verschmelzen, zu denen neben anderen auch der von Templadera im Jequetepeque-Tal gehört.

> **Steigbügelgefäß in Gestalt eines hockenden Mannes**

Peru, Templadera,
700 – 400 vor Chr.; Ton, H 28 cm
Inv.-Nr. V A 64864, Vitrine 46

Das bauchige Tongefäß mit einem Ausguss in Form eines Steigbügels zeigt einen Mann in Hockstellung. Die plastisch ausgearbeiteten Hände ruhen auf den hochgezogenen Knien. Die für den Templadera-Stil typische brauntonige Keramik ist nach dem Brand bemalt. Die farbigen Flächen des Pektorals und des vorderen

Teiles des Körpers sind vom Rücken durch feine geritzte Linien abgesetzt, eine Technik, die an die zur gleichen Zeit an der Südküste vorkommende harzgebundene Malerei der Paracas-Keramik erinnert.

Paracas

Die Paracas-Kultur entwickelte sich an der Südküste Perus besonders in den Tälern von Pisco und Ica und den angrenzenden Gebieten. Zeitlich gehört diese Kultur noch dem Frühen Horizont von Chavín an, von deren Ikonographie die Kunstwerke stark beeinflusst sind, zum Beispiel in der Darstellung von Raubkatzen und Schlangen; allerdings kommen in dieser Zeit auch neue Motive auf wie unter anderem der Schwertwal und der Falke, die eine eigenständige regionale Entwicklung andeuten.

∧ **Tongefäß**

Peru, Paracas, 550 vor Chr. – 0
Ton, H 11, 6 cm
Inv.-Nr. V A 64858, Vitrine 48

Das linsenförmige Tongefäß ist mit zwei Ausgüssen versehen, die durch einen flachen Bandhenkel verbunden sind. Die Besonderheit der Dekoration von Tongefäßen in der Paracas-Kultur ist der Auftrag von Farben nach dem Brand. Auf gelbem Grund sind auf jeder Seite jeweils ein stilisierter Jaguar und ein Fisch dargestellt.

Nasca

Die Kultur, die Paracas an der Südküste Perus ablöst, ist Nasca (200 vor Chr. – 600 nach Chr.). Bekannt ist sie durch Bodenzeichnungen in der Pampa de San José. Das Kerngebiet der Nasca-Kultur umfasst die Täler

des Rio Grande de Nasca mit neun Nebenflüssen und den Rio Ica an der Südküste Perus.
Die Nasca-Kultur gibt der Archäologie bis heute zahlreiche Rätsel auf. Politisch scheint sie in Häuptlingstümer organisiert gewesen zu sein, die durch eine gemeinsame Religion und durch Handelsbeziehungen verbunden waren, in denen sich aber – beispielsweise über die Grabausstattungen – keine starke soziale Hierarchie nachweisen lässt. Die Keramik der frühen Nasca-Keramik steht technisch noch in der Tradition von Paracas, wie die kräftigen Farben und geritzten Konturen zeigen. Allerdings werden die harzgebundenen Farben nun durch eine breite Palette von Tonschlicker-Farben ersetzt.

V Tongefäß in Form einer menschlichen Ohreneule

Peru, Nasca (Phase 1),
200 vor Chr. – 0
Ton, H 25 cm
Inv.-Nr. V A 64743, Vitrine 50

Dargestellt ist ein Mischwesen mit menschlichen Zügen, das eine Mundmaske und Andeutungen von Flügeln aufweist. Es könnte die Darstellung eines Priesters sein, der in der Religion der Nasca für die Versorgung mit Wasser zuständig war. Priester oder Schamanen werden oft mit Musikinstrumenten, goldenen Mundmasken und Trophäenköpfen dargestellt. Das Vogelwesen hält einen Menschen in den Händen, dessen Kopf er am Schopf gepackt hält, wie dies bei der Darstellung von Trophäenköpfen üblich ist.

Moche

Die Fürstentümer der Moche (0–650 nach Chr.) erstreckten sich zwischen den Tälern Piura und Huarmey auf einer Länge von 550 km entlang der Pazifikküste Nordperus. Durch ausgedehnte Bewässerungskanäle konnte die Küstenwüste intensiv landwirtschaftlich genutzt werden. Dies ermöglichte die Entstehung spezialisierten Handwerks: Baumeister, Weber, Goldschmiede, Töpfer etc.
Zahlreiche Zeremonialzentren in verschiedenen Tälern zeugen von einer stark hierarchisierten Gesellschaft, wie es auch die vor einigen Jahren gefundenen Fürstengräber belegen.

∧ **Tonschale mit Kriegsdarstellung**

Peru, Moche, 0 – 650 nach Chr.
Ton, H 19,8 cm, Ø 38,5 cm
Inv.-Nr. V A 48171, Vitrine 57

Die Tonschale ist auf dem inneren Rand mit einer Kampfszene bemalt, die in der Wüste ausgetragen wird, wie es die am äußeren Rand angedeuteten Dünen und Kakteen nahelegen. Zu erkennen sind vier Krieger, die ihre nackten, blutenden Gefangenen an einem Seil abführen. Da Sieger wie Besiegte die typische Uniform der Moche-Krieger tragen, muss es sich um Mitglieder ein und derselben Gesellschaft handeln. Das häufigere Vorkommen von Kriegsdarstellungen ab 300 nach Chr. lässt vermuten, dass zu dieser Zeit verstärkt Eroberungszüge einsetzten oder die schon unterworfenen Gebiete gesichert werden mussten.

Recuay

Im Santa-Tal findet sich eine weitere Regionalkultur der Frühen Zwischenperiode, die nach dem gleichnamigen Fundort am Oberlauf Recuay genannt wird. Im regenreichen Santa-Tal konnte intensiver Bewässerungs- und Terrassenfeldbau betrieben werden und in höheren Lagen wurden Lamaherden gehalten. Die kulturellen Beziehungen von Recuay zu den benachbarten Kulturen sind offensichtlich bis heute noch wenig erforscht. Ein besonderes Charakteristikum dieser Kultur ist die Keramik, die sich durch einen weißen, kaolinartigem Überzug und Negativbemalung auszeichnet.

< **Tongefäß in Form eines Gebäudes**

Peru, Recuay, 200 vor Chr. bis 500 nach Chr.
Ton, H 19 cm
Inv.-Nr. V A 48280, Vitrine 63

Das Tongefäß ist in Form eines erhöht stehenden Doppelhauses gearbeitet, das von mehreren Personen bevölkert ist. Zwei menschliche Figuren stehen unter dem offenen

Dach, eine weitere steht an der Tür, zu der eine Treppe hinaufführt. Die Fassade ist durch Friese gegliedert. Sie stellen in Negativbemalung stilisierte Katzenwesen mit einem Schlangenmotiv am Kopf dar.

Bolivianische Kulturen

Im 4. bis 6. Jahrhundert nach Chr. wurden die südlichen Anden von der am südlichen Titicaca-See gelegenen Metropole Tiahuanaco beherrscht, die auch Zeremonialzentrum war. Charakteristisch für die Architektur Tiahuanacos sind die fein gearbeiteten Steinreliefs auf Toren und Türstürzen, von denen das Sonnentor am bekanntesten ist.
Die wirtschaftliche Grundlage dieses Reiches war neben der Landwirtschaft die Haltung von Lama- und Alpacaherden. Diese Tiere lieferten nicht nur Fleisch und Wolle, sondern waren auch die einzigen verfügbaren Lasttiere für Handelskarawanen, die im Süden weit über die Grenze des Reiches hinaus bis in das heutige Chile hinein wanderten.

∨ **Steinrelief**

Bolivien, Tiahuanaco,
400–1100 nach Chr.
Stein, H 42 cm
Inv.-Nr. VA 10883,
neben Vitrine 69

Das Flachrelief eines Türsturzes zeigt mythische Figuren in der für das klassische Tiahuanaco typischen Knielaufstellung, wie sie auch auf dem Sonnentor neben der zentralen Stabgottheit vorkommt.
Die Jaguar-Mensch-Mischwesen tragen in den Händen Trophäenköpfe, die auf Menschenopfer hindeuten, wie sie auch archäologisch nachgewiesen sind.

Chimú

∨ **Maiskolben aus Silberblech**

Peru, Chimú, 850 –1470 nach Chr.
Silberlegierung, L 25,5 cm
Inv.-Nr. V A 64430, Vitrine 73

Die Chimú an der Nordküste Perus kontrollierten zum Zeitpunkt ihrer größten räumlichen Ausdehnung ein Reich, das vom Lambayeque-Tal im Norden bis zum Casma-Tal im Süden reichte. Ähnlich wie ihre Vorgänger, die Moche, konnten die Chimú durch Bewässerungsanlagen die Küstenwüste bis weit ins Landesinnere landwirtschaftlich nutzen. Straßen, die die Verwaltungszentren und die darin befindlichen Lagerhäuser verbanden, zeugen von einer zentralen Macht in der Hauptstadt Chanchán. Neben herausragenden Textilien waren die Chimú auch später unter inkaischer Herrschaft berühmt für ihre Gold- und Silberschmiedekunst, die sie in der Hauptstadt der Inka ausführen mussten.

Inka

∨ **Tongefäß in Aribaloform**

Peru, Chimú-Inka,
1470 – 1532 nach Chr.
Ton, H 18 cm
Inv.-Nr. V A 48337, Vitrine 73

Unter den Inka Pachacuti und Topa Inca wurden in den Jahren 1463 – 1471 nach Chr. der heutige Norden Perus und Süden Ekuadors erobert. Typisch für die Keramik-

produktion der Chimú unter inkaischer Herrschaft war die Übernahme inkaischer Motive und Gefäßformen, die sie in ihre eigene Töpfertradition integrierten. Das aribaloförmige Tongefäß ist, typisch für die Chimú, reduziert gebrannt, wodurch der metallische Eindruck des schwarzen Scherben entsteht.

^ **Inkaische Knotenschnüre (Quipu)**

Inka, 1400–1532 nach Chr.
Hauptschnur: L 108 cm, Knotenschnüre: L 36–64 cm
Inv.-Nr. VA 47083, Vitrine 75

Knotenschnüre wurden als Mnemotechnik entwickelt, mit der im Dezimalsystem Mengenangaben festgehalten wurden. Vermutlich waren die verschiedenen Farben unterschiedlichen Produkten zugeordnet.

Kolonialzeit

Trotz der massiven Einflussnahme der spanischen Kolonialverwaltung und der katholischen Kirche auf die traditionellen religiösen Vorstellungen im Andenraum, haben sich einige Rituale und die dazugehörigen Gegenstände bis heute erhalten. Dazu zählen aus der frühen Kolonialzeit bemalte Holzbecher (*Kerus*), die für das Ausschenken von Maisbier zu besonderen Anlässen üblich waren. Die Bemalung auf den *Kerus* stellt, neben dem Regenbogenmotiv, Kämpfe zwischen Inka und Kriegern des Antisuyu (Amazonas), Feste und nicht zuletzt Szenen der Jagd und aus der Landwirtschaft dar, die die Grundlage für das Funktionieren der kolonialen Gesellschaft waren.

∧ **Holzbecher (Keru)**

Peru, Kolonial,
1600–1780 nach Chr.
Holz, gefasst, H 21, 3 cm
Inv.-Nr. V A 63959,
Vitrine 76

Kerus sind in der Regel auf der Außenseite in drei horizontalen Bändern bemalt. Auf dem Holzbecher sind im oberen Teil zwei Schneeberge dargestellt, zwischen denen die Sonne aufgeht. Links davon ist der Inka auf seinem Thron zu erkennen, umgeben von zwei Muschelhornbläsern und einem Bauern mit Feldhacke, dahinter die Frau des Inka neben einer großen Amphore, in der Maisbier für Trankopfer aufbewahrt wurde.

Vorspanische Textilien

Eine Besonderheit der vorspanischen Kulturen im südlichen Andenraum war das hohe Ansehen, das die Weberei innehatte. Stoffe waren sozusagen in alle Rituale des Lebens-, Agrarzyklus und andere Feste ›verwoben‹. Textilien waren – und sind es bis heute – nicht nur Alltagsgegenstände (wie Kleidung, Tragetücher, Vorrats- und Transportsäcke, Schleudern etc.), sondern durch ihre Bilder und Zeichen auch von symbolischem Gehalt. Aus den Aufzeichnungen der spanischen Eroberer wird auch die religiöse und politische Bedeutung von Textilien deutlich. Die inkaischen Lagerhäuser waren mit großen Mengen an Stoffen gefüllt, die als jährliche Abgabe von allen Haushalten gefordert wurden. Diese dienten der Ausrüstung der Armee, wurden aber auch an die Bevölkerung verteilt. Die feineren Gewebe waren als Geschenke für treue Verwaltungsbeamte vorgesehen und wurden bei diplomatischen Verhandlungen als Gastgeschenke benutzt.

Man kannte im vorspanischen Peru alle Techniken, die auch im vorindustriellen Europa bekannt waren – und sogar einige mehr: Stickerei, komplizierte Geflecht-Techniken (Sprang und andere), Partialgewebe, Verschlingen und Knotentechniken (Paracas, Nasca); später wurden Wirkerei, Broschierung, komplementäre und supplementäre Kettgewebe, Gaze-Textilien in Drehergewebe, Filet-Techniken und Federarbeiten vorgezogen (Huari, Chimú). In der Inka-Zeit wurden insbesondere die Wirkerei und komplementäre und

supplementäre Techniken weiterentwickelt.

Das Ausgangsmaterial war Wolle von Kameliden sowohl der domestizierten Arten (Lama, Alpaca) als auch von Wildtieren (Vicuña und Guanaco), die besonders kostbar waren, und Baumwolle. Zum Spinnen benutzte man Handspindeln aus Holz oder Dorn.

Die meisten Farben wurden aus Pflanzen gewonnen, die, mit verschiedenen Beizen kombiniert, ein breites Spektrum an Farben ergaben: Blau färbte man mit Indigo, Rot mit Krapp oder Cochenille (Laus), Braun mit Walnuss und gelbe Farbtöne mit verschiedenen Pflanzen- und Moossorten. Auch farbige Baumwolle in diversen weiß-braun-grauen Tönen wurde in den Originalfarben genutzt.

Das wichtigste Webgerät war das Rückenbandwebgerät, auf dem sich bis zu ca. 80 cm breite Gewebe herstellen lassen. Für größere Textilien benutzten einige Kulturen (Huari und Inka) ein vertikales Webgerät, auf dem man bis zu 2 – 3 m breite Gewebe herstellen konnte. Das Zuschneiden von Kleidungsstücken war unbekannt, daher wurden die Gewebe in der benötigten Größe mit vier abgeschlossenen Webkanten hergestellt. Die Männertracht im vorspanischen Peru bestand in der Regel unter anderem aus Lendenschurz, Hemd (ohne Ärmel), Turban, Kopfband oder Hut. Die übliche Tracht der Frauen war ein langes Hemd (auch ohne Ärmel). Dazu kamen für beide Geschlechter Schals, Taschen, Hüte und Gürtel.

Die meisten vorspanischen Textilien, die sich bis heute erhalten haben, sind Kleidungsstücke, die als Umhüllungen von Totenbündeln in Gräbern gefunden wurden. Wegen der extremen Trockenheit und des hohen Salpetergehaltes der peruanischen und chilenischen Küstenwüste haben sich auch andere organische Beigaben (zum Beispiel Lebensmittel) konserviert.

≪ **Randborte eines Umhangs**

Paracas, um Christi Geburt
Baumwolle, Wolle, 89 × 18 cm
Inv.-Nr. VA 63318,
Vitrine 83

Der Umhang ist mit wollener Stielstichstickerei auf leinenbindigem baumwollenem Grund gearbeitet. Auf dem dunkelblauen, vollständig bestickten Grund sind menschliche Figuren mit Trophäenköpfen und schlangenähnliche Tiere in verschiedenen Grün-, Gelb- und Blautönen auf rotem Grund dargestellt.

◸ **Hemd**

Huari, ca. 800 nach Chr.
Baumwolle, Wolle, 110,5 × 110 cm
Inv.-Nr. VA 64374,
Vitrine 81

Das vollständig erhaltene Hemd ist in verzahnter Wirkerei, mit dem Kettfaden aus Baumwolle und dem Schussfaden aus Wolle, gearbeitet. Das Muster besteht aus Stufenwinkeln mit Voluten und stark stilisierten Figuren, von denen nur noch das Auge und die N-förmige Beinstellung zu erkennen sind. Diese beiden Muster wiederholen sich in unterschiedlicher Breite und auch spiegelverkehrt in einem bestimmten Rhythmus.

∧ **Federhemd**

Pachacamac,
ca. 800 – 1200 nach Chr.
Baumwolle, 96,5 × 82,5 cm
Inv.-Nr. VA 21540,
Vitrine 78

Die Vorderseite des Hemdes ist mit roten, blauen und schwarzen Vogelfiguren auf gelbem Grund verziert. Der Hemdrücken war vermutlich ungemustert. Der baumwollene, leinenbindige Grundstoff ist aus drei

Bahnen zusammengenäht und eng mit verschiedenfarbigen Federn besetzt, mit denen die für die Südküste Perus typischen Vogelmotive dargestellt wurden.

< **Hemd (Vorder- und Rückseite)**

Inka, ca. 1530 – 1540 nach Chr.
Baumwolle, Wolle, 84 × 72 cm
Inv.-Nr. VA 4577, Vitrine 82

Vorder- und Rückseite des zweifarbigen Hemdes (rot und blau) sind mit Kettfäden aus Baumwolle und Schussfäden aus Wolle in einem Stück auf einem vertikalen Webstuhl gewebt worden. Der Halsausschnitt ist als Partialgewebe gearbeitet. Die im unteren Teil des Hemdes angeordneten geometrischen Motive (*Tocapu*) waren in inkaischer Zeit dem Adel vorbehalten. Das Gewebe ist an den Schultern gefaltet, an den Seiten zusammengenäht, und es wurden Seide und Silberfäden verwendet, was auf eine Herstellung in der frühen Kolonialzeit schließen lässt.

∧ **Altardecke**

Peru, Kolonialzeit,
ca. 1550 nach Chr.
Wolle, 67 × 49 cm
Inv.-Nr. VA 64827, Vitrine 77

Die aus Wolle gewirkte Altardecke (Kette und Schuss) steht noch ganz in der inkaischen Tradition, weist jedoch verschiedene europäisch inspirierte Motive auf, wie die nun naturalistisch dargestellten Tiere und Blumen (Lilien, Tulpen) und nicht zuletzt ein Kruzifix. Ein weiterer Hinweis auf die kolonialzeitliche Entstehungszeit ist die Verwendung von versilbertem Kupferdraht mit Wollseele als Schussfaden.

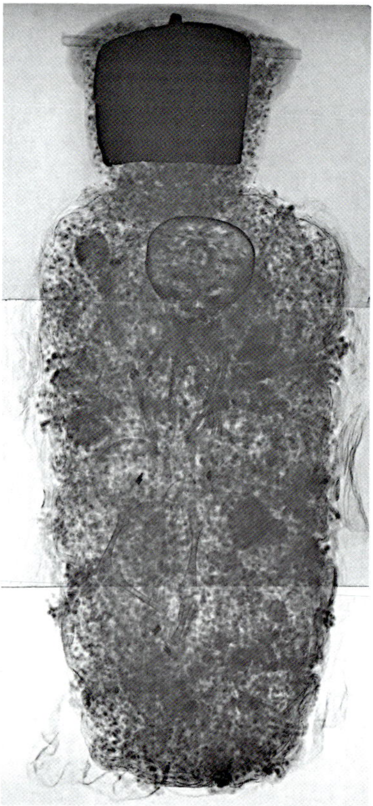

< **Totenbündel**

Chuquitanta,
ca. 1400 – 1500 nach Chr.
81 × 98 cm (Umfang)
Inv.-Nr. VA 28465, Vitrine 100

Der Mumienballen enthält den Körper eines etwa sechs Monate alten Kindes (s. Abb. unten). Der Schädel des Kindes hat eine schräg tabulare Deformation, und in der Mundhöhle sowie an beiden Händen und Füßen befinden sich Metallfolien. Um den Hals liegen Reste einer Kette aus Muschelschalen. Beigaben sind Maiskolben, Bohnen, Kalebassen und auf dem Rücken der Mumie ein Stoffbeutel. Das Mumienbündel ist mit zwei baumwollenen Hemden und vier Tüchern ausgestattet. Am Gürtel hängen darüber hinaus eine Schnur mit eingebundenen Federn und eine Baumwolltasche mit einem Maiskolben darin. Die Mumie trägt um den Hals eine wollene Tasche mit einem Kamm aus Kaktusdornen. Der Scheinkopf besteht aus einem mit loser Baumwolle gefüllten Kissen und trägt eine silberne Maske.

Indianer Nordamerikas

Vom Mythos zur Moderne

Die im November 1999 eröffnete Dauerausstellung *Indianer Nordamerikas. Vom Mythos zur Moderne* ist die erste umfassende Präsentation der Berliner Nordamerika-Sammlung seit dem Zweiten Weltkrieg. Mit der Rückführung der 1945 als Kriegsbeute durch die Sowjetarmee beschlagnahmten Stücke erlangte diese Sammlung wieder die Qualität, die sie vor dem Kriege hatte.

Die überwiegende Zahl der etwa 25000 Objekte aus Nordamerika kam in der Zeit zwischen 1870 und 1914 nach Berlin, entweder durch Ankäufe von amerikanischen Sammlern und Händlern oder durch den Austausch mit amerikanischen Museen. Das Ethnologische Museum besitzt aber auch Sammlungen von deutschen Forschungsreisenden des frühen 19. Jahrhunderts wie Prinz Maximilian zu Wied, Herzog Paul von Württemberg oder Balduin Möllhausen. Die größte Einzelsammlung ist die von Adrian Jacobsen, der zwischen 1881 und 1883 die Nordwestküste und Alaska bereiste und dabei etwa 7000 Objekte für das Berliner Museum erwarb.

Beim Betreten der Ausstellung wird der Besucher von einem lebensgroßen Zigarrenladen-Indianer begrüßt und so als erstes mit seinen eigenen klischeehaften Vorstellungen von ›den Indianern‹ konfrontiert. Denn nicht die Lebenswirklichkeit dieser Menschen, die wir Indianer nennen, hat unser Bild von ihnen geprägt, sondern die seit 500 Jahren immer wieder neu geschaffenen positiven und negativen Klischees, die bis heute die Indianerfantasien von Kindern und Erwachsenen beherrschen. Die in der Ausstellung gezeigten Beispiele reichen vom urdeutschen Winnetou bis zur modernen Esoterik-Welle.

Der anschließende Teil vermittelt ausgewählte Themen zur indianischen Geschichte und Gegenwart. Nichts zeigt deutlicher den Unterschied zwischen ›weißer‹ (euro-amerikanischer) und indianischer Weltauffassung als die Frage nach der Herkunft der Ureinwohner Amerikas: Für die Weißen sind sie eiszeitliche Einwanderer aus Nordasien, sie selbst betrachten sich jedoch als Menschen, die auf dem amerikanischen Kontinent erschaffen wurden. Davon zeugen ihre vielfältigen Schöpfungsmythen.

Die Vertreibung von ihrem Land und die Auseinandersetzung mit einer fremden Kultur stellte die ethnische Identität vieler Indianer in Frage. Vor allem die Schulerziehung durch christliche Missionare sollte die traditionellen Wurzeln der indianischen Schüler zerstören. Sie stieß die Betroffenen in ein kulturelles Vakuum, denn ein gleichwertiger Platz in der anglo-amerikanischen Gesellschaft blieb ihnen verwehrt. Die Folgen davon waren Demotivation, Perspektivlosigkeit, hohe Arbeitslosigkeit und Alkoholprobleme, die bis heute das Bild der meisten Reservationen prägen.

Den Abschluss dieses einleitenden Teils bilden verschiedene Objektgruppen, die hierzulande als ›typisch indianisch«‹ gelten: Friedenspfeifen, Mokkasins, Tomahawks, Medizin und Medizinbeutel. Hier finden sich auch einige bedeutende Stücke aus dem östlichen Waldland, das im regionalen Teil der Ausstellung nicht vertreten ist.

Im Hauptteil der Ausstellung werden fünf Regionen vorgestellt, die am ehesten dazu geeignet scheinen, den Besuchern die kulturelle Vielfalt des indianischen Nordamerikas vor Augen zu führen: Prärien und Plains, der Südwesten, Kalifornien, die Nordwestküste und die Arktis. Der Schwerpunkt liegt dabei auf den historischen Sammlungen des 19. Jahrhunderts. Dabei werden nicht nur bedeutende ›Schätze‹ der Berliner Nordamerika-Sammlung präsentiert, sondern auch bestimmte charakteristische Objektgruppen in den Mittelpunkt gestellt. Im Bereich der Prärien und Plains sind das die Lederkleidung und die bemalten Bisonroben, im Südwesten die alte und neue Keramikkunst sowie die Vielzahl von *Kachina*-Figuren, in Kalifornien die Kunst der Korbflechterei, an der Nordwestküste aus Holz geschnitzte und bemalte Geräte und Masken sowie in der Arktis schließlich die Fellkleidung und die aus Walrosselfenbein gefertigten Schnitzwerke.

Trotz der Fülle des vorhandenen historischen Materials haben sich die Gestalter der Ausstellung bemüht, durch neuere Objekte oder Fotomaterial auch die Gegenwart mit einzubeziehen. Damit soll den Besuchern deutlich gemacht werden, dass indianische Kulturen keine nostalgischen Relikte einer mythischen Vergangenheit sind, sondern lebendige Gemeinschaften, die auch im 21. Jahrhundert weiter darum kämpfen müssen, ihren Landbesitz und ihre ethnische Eigenständigkeit zu bewahren.

Den Abschluss der Ausstellung bildet eine kleine Sammlung moderner indianischer Kunst als Ausdruck des Überlebenswillens und des Stolzes der Ureinwohner Nordamerikas auf ihr kulturelles Erbe. Moderne Malerei und Plastik stehen als Symbol für etwas Neues, das aus traditionellen Wurzeln entstanden ist. Indianer sind heute in allen Bereichen ihres Lebens gezwungen, althergebrachte Traditionen und modernes Leben miteinander zu verbinden. Das versuchen sie auch in ihrer Kunst zum Ausdruck zu bringen, die damit eine Brücke schlägt zwischen den noch immer weit entfernten Welten von Indianern und Weißen.

Indianerklischees

> **Zigarrenladen-Indianer**
>
> Kunststoff-Nachbildung einer Holzfigur, 19. Jh.
> H 195 cm
> erworben 1998 in Berlin

Solche Holzfiguren, die ein Bündel Zigarren in der Hand halten, standen ursprünglich vor amerikanischen Tabakläden. Wegen ihrer visuellen Präsenz und der fantasievollen Kostümierung gelten sie heute als das Sinnbild des Klischee-Indianers, den es in dieser Form niemals gab. Diese Plastiknachbildung zeugt davon, dass sich Indianer als nostalgische Fantasiefiguren noch immer am besten vermarkten lassen.

Indianer gestern und heute

∧ Peter B. Jones (Onondaga-Irokese), Effigy for the Last Real Indian

Skulptur, 1993
Ton, Federn, Leder, L 68 cm
Inv.-Nr. IV B 13133

Diese wie eine mumifizierte Leiche wirkende Tonskulptur steht in der Ausstellung stellvertretend für den Völkermord an den Indianern Amerikas, der sich weder durch Zahlen noch durch Worte beschreiben lässt. Vertreibung, Zwangsumsiedlung und militärische Vernichtungsfeldzüge forderten hohe Opfer unter der indianischen Bevölkerung, am schlimmsten aber wüteten die von den Europäern eingeschleppten Krankheiten, die ganze Regionen entvölkerten. Der Künstler Peter B. Jones lebt in der Cattaraugus-Reservation im Staat New York.
Zu seiner Skulptur sagt er selbst: »*The Last Real Indian* ist ein Werk über das Dasein als Indianer. Es soll an die Klage eines alten indianischen Freundes erinnern, dass er der Letzte seines Stammes sei, der die alte Sprache noch fließend beherrscht.
Es handelt aber auch vom Tod unserer Kultur. Die Flecken bedeuten Krankheit – die Pocken, den Alkoholismus oder die Krankheit unserer modernen Gesellschaft, die die ›letzten wirklichen Indianer‹ umbringt. Als Künstler mache ich mir Gedanken über die indianische Realität und ich versuche in Ton auszudrücken, was es bedeutet, im 20. Jahrhundert ein Indianer zu sein.«

Indianer der Prärien und Plains

> George Catlin, Blackfoot-Indianer

Gemälde, 1854; Öl auf Leinwand, H 48 cm, B 68 cm
Inv.-Nr. IV B 12915

Der amerikanische Maler und Ethnograph George Catlin (1796–1872) bereiste zwischen 1832 und 1839 den amerikanischen Westen und porträtierte dabei Hunderte von Indianern, um den zum Aussterben verurteilten Ureinwohnern Amerikas ein bleibendes Denkmal zu setzen. 1855 besuchte er in Berlin Alexander von

Humboldt, und durch dessen Vermittlung kaufte ihm der preußische König zehn seiner Gemälde ab, die 1854 in Europa entstanden waren. Diese Gemälde sind Reproduktionen seiner früheren Porträts, wobei er die Personen in Dreiergruppen angeordnet hat, mit dem Häuptling in der Bildmitte. Auf diesem Bild sehen wir im Zentrum den Blackfoot-Häuptling Petohpeekiss (Eagle's Ribs), der ein reich mit gefärbten Stachelschweinborsten verziertes Lederhemd trägt, dazu eine mit Hermelinfellen besetzte Hörnerkappe. An seiner Lanze hängen zwei Tierbälge, in denen er kraftgeladene Objekte als persönliche »Medizin« aufbewahrt. Der schwer bewaffnete Krieger links trägt eine Keule als Nahkampfwaffe, Bogen und Köcher mit Pfeilen und einen runden Lederschild. Seine auffallend langen Haare sind wahrscheinlich künstlich verlängert, wie das bei Mitgliedern von Kriegerbünden üblich war. Sein Kopfschmuck besteht aus einer Federkrone aus Raben- und Eulenfedern, auf den Plains ein Abzeichen des Hundebundes. Die Frau rechts trägt über ihrem Kleid eine verzierte Bisonrobe, in die sie ihr Baby eingehüllt hat.

>> Bisonrobe für Männer

Mandan, um 1830
Bisonfell mit Bemalung,
H 168 cm, B 210 cm
Inv.-Nr. IV B 205

Prinz Maximilian zu Wied brachte diese Bisonrobe zusammen mit 15 weiteren von seiner Forschungsreise zum oberen Missouri zurück. Zwischen 1832 und 1834 hatte er zusammen mit dem Maler Karl Bodmer den Westen Nordamerikas bereist und dabei eine große Zahl von botanischen, zoologischen und ethnologischen Belegstücken zusammengetragen. Bereits 1844 verkaufte er einen Teil seiner ethnologischen Sammlung an die Königlich Preußische Kunstkammer in Berlin, darunter befanden

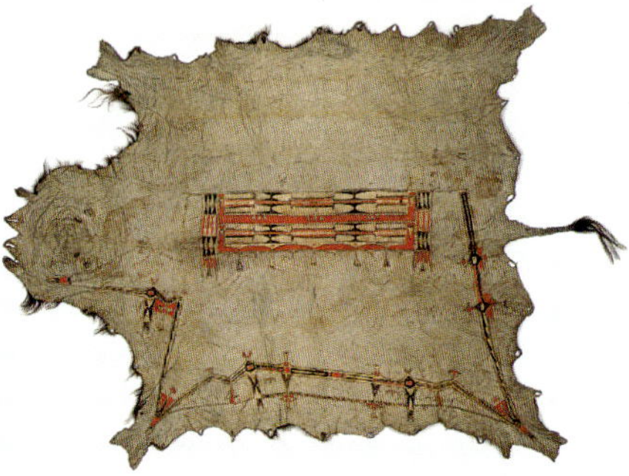

sich allein zwölf bemalte Bisonroben. Solche Bisonroben bedecken bei kühler Witterung den Oberkörper ihres Trägers. Die Fellseite zeigt nach innen, so dass die bemalte Seite (überwiegend auf dem Rücken) sichtbar ist. Motive der Bemalung sind entweder die Heldentaten eines Kriegers, Listen verschenkter Gegenstände oder geometrisch-abstrakte Motive. Im vorliegenden Fall scheint es sich nicht um eine geschlossene Komposition zu handeln, sondern um eine Aneinanderreihung von Einzelszenen, die keinen Bezug zueinander aufweisen. Auffallend ist die große Zahl von Bisons, dazwischen tummeln sich verschiedene Hirscharten. Hinzu kommen Bären, Schildkröten, Eidechsen, Vögel und Libellen. Die Menschen bewegen sich entweder zu Fuß oder zu Pferd, einige tragen große Schilde, einer sogar Zylinder. Rechts unten sind deutlich zwei Bisontänzer mit Lanzen, Schilden und Bisonmasken zu erkennen. Es handelt sich offensichtlich um Darstellungen von Jagdmagie und Jagderfolg, in der verschiedene mythologische Wesen eine wichtige Rolle spielen.

Bisonrobe für Frauen

Mandan/Lakota, um 1830
Bisonfell mit Bemalung,
H 180 cm, B 245 cm
Inv.-Nr. IV B 204

Diese Robe stammt ebenfalls aus der Sammlung des Prinzen Maximilian zu Wied. Er bezeichnet sie als Mandan, doch das Muster ist eher typisch für die Lakota. Möglicherweise ist sie als Handelsobjekt oder Geschenk zu den Mandan gelangt.

Die Frauen bemalten ihre Bisonroben ausschließlich mit geometrisch-abstrakten Mustern, die als *Box and Border Design* bezeichnet werden. Angeblich handelt es sich bei dem Motiv in der Mitte um eine Abstrahierung der Innereien des Bisons. Dies deutet auf die besondere Beziehung der Frauen zu diesen Tieren hin, denn nach der erfolgreichen Jagd der Männer waren es die Frauen, die die Beute zerlegten.

Eine Besonderheit dieser Robe ist der kastenförmige, aber deutlich erkennbare Umriss eines Tieres mit einem spitz zulaufenden Kopf auf der linken Seite. Das ist ein Hinweis darauf, dass das *Box and Border Design* ursprünglich nichts anderes war als die abstrahierte Form eines Bisons.

∨ **Baseball-Mütze**

Lakota, Rapid City/South Dakota, circa 1996; kommerzielle Polyester-Mütze mit Aufdruck und Perlenbesatz, L 24 cm

Ohne den Perlenbesatz wäre diese Mütze eine von vielen Souvenirprodukten, wie sie im Staat South Dakota an Touristen verkauft werden. Als Herkunftsbezeichnung ist »Made in Sri Lanka« angegeben. Die mit Federn behängte Lanze weist darauf hin, dass die Indianer die ursprünglichen Herren des Landes waren. Der Perlenbesatz am Schild dieser Base Cap besagt allerdings, dass sie zu einer ›indianischen‹ Mütze umgestaltet wurde. Hier hat eine Indianerin für ihren Ehemann, Sohn oder Enkel eine Mütze geschaffen, die ihn als Indianer ausweist und die zu festlichen Anlässen getragen wird (zum Beispiel zum Besuch eines *Powwow*). Aus einer Souvenir-Mütze ist somit ein ethnisches Identitätssymbol geworden, wie es in ähnlicher Form heute in ganz Nordamerika von Indianern getragen wird.

Der Südwesten

∧ **Balduin Möllhausen, Mohave-Indianer**

Aquarell, 1858
H 23,8 cm, B 33,3 cm
Inv.-Nr. IV B 12910

Der Amerika-Reisende und Schriftsteller Balduin Möllhausen (1825–1905) war 1849 aus Abenteuerlust nach Nordamerika gegangen, wo er auf den Naturforscher Herzog Paul von

Württemberg traf, der ihn als Naturaliensammler und Zeichner beschäftigte. Auf Empfehlung Alexander von Humboldts nahm er 1853/54 und 1857/58 als topographischer Zeichner an zwei Expeditionen in das Gebiet des Colorado River im Südwesten der USA teil, wobei er Landschaften, Tiere und Menschen im Bilde festhielt. Auf beiden Expeditionen traf er mit Mohave zusammen und freundete sich mit dem Häuptling Mesikehota an. Aus seinen Skizzen fertigte er später das vorliegende Aquarell, auf dem zwei bewaffnete Mohave zu sehen sind, eine Frau mit Baby, die eine Korbschale auf dem Kopf balanciert, und auf einem Stein sitzend Häuptling Mesikehota, der einen großen Federschmuck trägt.
Die Mohave lebten im Tal des Colorado in kleinen verstreuten Dörfern überwiegend vom Maisanbau, daneben sammelten sie Wildfrüchte, betrieben Fischfang und gingen auf die Jagd.
Möllhausens Darstellungen von Mohave und anderen Bewohnern des Südwestens sind die frühesten Bildzeugnisse, die es von diesen Gruppen gibt, und daher wertvolle kulturhistorische Dokumente aus einer Zeit, als es am Colorado noch keine Staudämme und keinen Massentourismus gab.

< **Nampeyo (Hopi),**
Bemaltes Tongefäß

ca. 1900
Keramik, bemalt, Ø 31 cm
Inv.-Nr. IV B 2672

Als 1875 Thomas Keam in der Nähe der Hopi-Dörfer von First Mesa seinen Handelsposten eröffnete, schuf er damit einen neuen Markt für die Keramikproduktion der Hopi. Eine junge Töpferin aus dem Dorf Hano mit dem Namen Nampeyo (1860–1942) experimentierte mit neuen Mustern, die auf die prähistorische *Sikyatki*-Keramik zurückgingen, die bei Ausgrabungen in der Nähe gefunden worden war. Damit schuf Nampeyo den wiederbelebten *Sikyatki*-Stil, den sie weiterentwickelte und der ihr Markenzeichen wurde.
Das hier wiedergegebene Gefäß wurde 1901 zusammen mit zahlreichen weiteren Keramiken von dem Händler Thomas Keam erworben und ist als »Hopi – modern« bezeichnet. Die Zuschreibung zu Nampeyo erfolgte über die charakteristische Form und die Bemalung, da das Gefäß nicht signiert ist. Die Bemalung zeigt Nampeyos *Eagle Tail design*, ein Muster, das sie in abgewandelter Form immer wieder verwendet hat. Es besteht aus drei stilisierten Adlerfedern, die jeweils auf vier Seiten des Gefäßes zu sehen sind. Die Flächen zwischen den *Eagle Tails* sind mit charakteristischen Spiralmotiven ausgefüllt.
Nampeyos Keramik ist ein Beispiel dafür, wie individuelle Künstlerinnen

für mehrere Generationen stilprägend wirken können. Erst die Generation nach ihr begann damit, Keramik zu signieren und aus der künstlerischen Anonymität herauszutreten. Auf dem Sammlermarkt sind nachgewiesene Nampeyo-Stücke heute äußerst begehrt und erzielen Höchstpreise.

V **Scott Hepvaya Walker, Sakwahu-Kachina**

Hopi, 1999; Pappelholz, bemalt, H 22 cm, B 14,5 cm
Inv.-Nr. IV B 13138

Zu den rituellen *Kachina*-Tänzen der Hopi gehört auch der Auftritt einer Gruppe von Clowns, die mit ihren derben Späßen die Zuschauer zum Lachen bringen. Die *Sakwahu-Kachinas* sind die Gegenspieler der Clowns und haben die Aufgabe, diese im Zaum zu halten. Sie gehören zu den Krieger-*Kachinas*, die auf dem Höhepunkt der Zeremonie die Clowns fesseln, sie mit Yucca-Ruten züchtigen und mit Wasser übergießen. Dabei stoßen sie düstere »Huuuh«-Rufe aus. Diese Laute und die türkisblaue Körperbemalung gaben diesem Typ den Namen »Türkisblauer Hu-Kachina«.
Der Künstler gehört zur jüngeren Generation von Hopi-Schnitzern

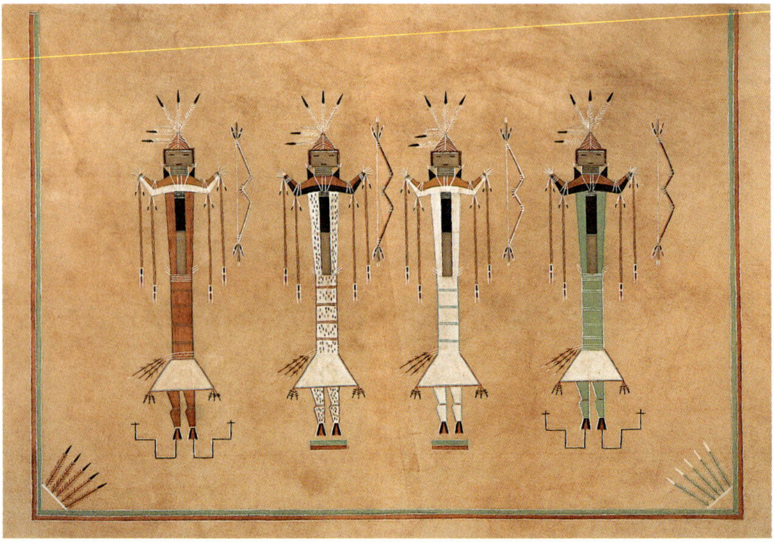

und hat sich darauf spezialisiert, *Kachina*-Figuren aus einem Stück anzufertigen. Das bedeutet, dass auch Federn und Bekleidung aus Holz geschnitzt sind, während diese Teile früher aus anderem Material hinzugefügt wurden. Besonderer Wert wurde auf die Herausarbeitung von realistischen Proportionen gelegt, so dass diese Figuren lebensechter wirken. Mit dieser Weiterentwicklung der *Kachina*-Schnitzkunst konnten sich die Hopi einen neuen Sammlermarkt erschließen, denn jedes Stück ist vom Künstler signiert.

∧ **Dennis Hataalii, Four Arrow Snake People**

Navajo, ca. 1988
Sandbild-Gemälde, Baumwoll-Stoff, mineralische Pigmente,
H 83 cm, B 108 cm
Inv.-Nr. IV B 13111

Zu Heilungsritualen fertigen die Navajo noch heute große Trockengemälde aus farbigen Sanden an, die am Ende der Zeremonie wieder zerstört werden. Kleinere Versionen solcher Sandbilder, die auf Hartfaserplatten fixiert sind, werden für den Touristenmarkt hergestellt. In der Technik des vorliegenden Bildes hat eine Navajo-Familie erstmals versucht, Sandbild-Motive in Originalgröße auf eingefärbten Baumwollstoff zu malen. Dabei wurde mit natürlich vorkommenden mineralischen Pigmenten gearbeitet, um eine möglichst originalgetreue Bildwirkung zu erzielen.
Die hier dargestellten vier *Pfeilschlangenleute (Arrow Snake People)* werden von einer Regenbogen-Gottheit umrahmt. Dieses Motiv entstammt dem *Shooting Chant,* einem der zahlreichen Heilungsgesänge der Navajo. Er findet statt, wenn eine Person durch den Kontakt mit dem Bösen erkrankt ist. Dabei treten die *Pfeilschlangenleute* auf, um das Böse zu verjagen.

∧ **Mrs. Xavier, Yeibechai-Teppich**

Navajo, um 1960
Wolle, Anilin- und Pflanzenfarben,
H 143 cm, B 218 cm
Inv.-Nr. IV B 12785

Yeis sind göttliche Wesen im Pantheon der Navajo, und *Yeibechais* sind Tänzer mit *Yei*-Masken, die diese göttlichen Wesen bei rituellen Tänzen verkörpern. Auf dem Teppich sehen wir rechts den Haupttänzer, dahinter fünf männliche Tänzer im zeremoniellen Kostüm und am Ende einen Clown, der die Tänzer imitiert und damit das Publikum zum Lachen bringt.
Um 1900 begannen Navajo-Weberinnen damit, Sandbild-Motive auf ihren Teppichen zu verwenden, was anfangs sehr umstritten war, da solche Motive für Heilungszeremonien bestimmt waren. *Yeibechai*-Figuren erschienen erstmals um 1910 auf Teppichen und wurden lange Zeit ausschließlich von vorne dargestellt. Profildarstellungen dieser Tänzer sind eine neuere Entwicklung der sechziger Jahre.

Kalifornien

≫ **Federgürtel**

Kalifornien, um 1830
pflanzliche Fasern, Federn,
Muschelschalen, L 187 cm
Inv.-Nr. IV Ca 103

Dieser Gürtel wurde von dem Berliner Gärtner und Sammlungsreisenden Ferdinand Deppe erworben, der sich zwischen 1830 und 1836 in Kalifornien aufhielt. Seine Sammlung umfasst neben Körben, Federbändern und anderer zeremonieller Ausrüstung auch zwei aus Pflanzenfasern gefertigte Gürtel, die mit Federn und Muschelscheiben besetzt sind. Ursprünglich waren diese Gürtel dicht mit roten Specht- und grün schillernden Entenfedern bedeckt, die einen starken Farbkontrast zu den in geometrischen Mustern angeordneten weißen Muschelscheiben bildeten. Für die Indianer Kaliforniens waren diese Gürtel Prestigeobjekte, die einen hohen Wert besaßen. Bei zeremoniellen Anlässen

getragen brachten sie Status und Wohlstand zum Ausdruck. Die Vertreibung, Enteignung und Dezimierung der Indianer Kaliforniens während der Zeit des Goldrauschs hatte auch einen enormen Verlust ihrer materiellen Kultur zur Folge, so dass vor 1850 gesammelte kalifornische Objekte ausgesprochene Raritäten darstellen. Von den Federgürteln aus dieser Zeit sind weltweit nicht mehr als ein Dutzend erhalten.

↗ Schmuck-Körbchen

Pomo, um 1900
Pflanzenfasern, Spechtfedern, Muschelscheiben, Ø 15 cm
Inv.-Nr. IV B 7214

Die Indianerfrauen Kaliforniens waren nicht nur Meisterinnen der Korbflechterei, sondern auch meisterhaft im Dekorieren von Körben. Dieses in Spiralwulsttechnik gefertigte Körbchen besitzt Hunderte von eingeflochtenen roten Spechtfedern, die an sich bereits einen hohen Wert darstellen, denn der kalifornische Specht besitzt nur wenige rote Federn auf dem Kopf. Zusammen mit den durchbohrten Muschelperlen und den glänzenden Haliotis-Scheiben ist so ein kleines Prestigeobjekt entstanden, das entweder im Haus aufgehängt wurde oder als wertvolles Hochzeitsgeschenk dienen konnte. In der Zeit um 1900 waren diese »Juwelen-Körbchen«, wie sie auch genannt wurden, bei amerikanischen Sammlern sehr beliebt. Daher erlebte die Korbflecht-Kunst in Kalifornien ab 1890 eine zweite Blüte, die bis 1915 anhielt. In dieser Zeit sind die meisten Körbe entstanden, die sich heute in amerikanischen und europäischen Museen befinden.

> Zwei Tragekörbe

Pomo, um 1900
Pflanzenfasern,
links: Ø 62 cm, H 47 cm
Inv.-Nr. IV B 7271
rechts: Ø 58 cm, H 44 cm
Inv.-Nr. IV B 7273

Trichter- oder glockenförmige Körbe dieser Art wurden von den Frauen mit

Hilfe eines über die Stirn gelegten Gurtes auf dem Rücken getragen, um darin Eicheln, Samen oder andere Produkte ihrer Sammeltätigkeit zu transportieren. Die meisten dieser Gebrauchskörbe hatten schlichte Muster, die Pomo verzierten jedoch selbst solche Körbe mit einem aufwändigen Design.

Die Nordwestküste

> **Umhang aus Zedernbast**
> **Nootka, ca. 1778,**
> **Pflanzenfasern,**
> **H ca. 150 cm, B ca. 200 cm**
> *Inv.-Nr. IV A 8966*

Dieser recht bescheiden wirkende Umhang gehört zu den ältesten Stücken der Berliner Nordamerika-Sammlung. Er wurde während James Cooks dritter Reise 1778 bei den Nootka auf Vancouver Island eingetauscht. Bei einer Versteigerung in London im Jahre 1819 konnten Teile der Cook-Sammlung für die Königlich-Preußische Kunstkammer erworben werden, darunter auch Objekte aus Nordamerika.

Umhänge dieser Art bildeten an der gesamten Nordwestküste Nordamerikas ein universelles Kleidungsstück, das sowohl von Männern als auch Frauen getragen wurde. Zur Herstellung diente der Bast der so genannten Rotzeder (tatsächlich eine Zypressenart), der zusätzlich eingeölt wurde und damit Wasser abweisend war. Für das feuchte und regnerische Klima der Nordwestküste war diese Zedernbast-Bekleidung besser geeignet als solche aus Leder oder Fell.

< **Kupferplatte**

Haida, um 1860
getriebenes Kupfer, bemalt,
H 91 cm, B 52 cm
Inv.-Nr. IV A 988

In der Kultur der Nordwestküste gehörten Kupferplatten dieser Art und Größe zu den wertvollsten Besitztümern. Es gab zwar natürliche Kupfervorkommen in dieser Region, doch für größere Platten wurde das Metall als Handelsware erworben. Neben ihrem materiellen Gegenwert, der in Hunderten von Wolldecken gemessen wurde, hatten diese Platten auch eine zeremonielle Funktion. Sie verkörperten Macht, Reichtum und Prestige ihres Besitzers und wurden daher bei *Potlatch*-Festen zur Schau gestellt. Jede Platte besaß einen Namen und hatte eine Geschichte, und nach jedem *Potlatch* stieg ihr Wert. Die gravierte und schwarz bemalte Platte der Haida, die Adrian Jacobsen 1882 in dem Dorf Masset erworben hat, zeigt im oberen Teil einen Bären, sicherlich das Familienwappen des ursprünglichen Besitzers.

< **Schamanenrassel**

Haida, um 1880
Holz, bemalt, H 29 cm
Inv.-Nr. IV A 647

Diese doppelgesichtige Rassel ist wie eine Miniaturmaske gestaltet. Sie stellt einen Schamanen dar, der eine Schamanenkrone auf dem Kopf trägt. Kronen dieser Art bestanden aus Grizzlybären-Krallen oder, wie in diesem Fall, aus Bergziegen-Hörnern. In diesen Kronen war die Heilkraft eines Schamanen konzentriert, und wenn sie auf den erkrankten Körperteil gelegt wurde, zog sie die Krankheit heraus. Das zweite auffallende Merkmal an dieser Rassel ist der Frosch, der aus dem halb geöffneten Mund hervorschaut. Frösche werden verehrt für ihre Wandlungs- und Anpassungsfähigkeit. Den Schamanen dienen sie daher als spirituelle Helfer. In diesem Fall soll der Frosch wohl an die Fähigkeit des Schamanen erinnern, sich in ein anderes Wesen zu verwandeln.

∨ **Calvin Hunt, Maske des Vogelmonsters Huxwhukw (Hok-Hok)**
Kwakiutl, 1985
Zedernholz, Zedernbast, Bemalung, L 120 cm
Inv.-Nr. IV A 9512

Die Mythologie der Kwakiutl besagt, dass das Vogelmonster Huxwhukw zu den drei Helfern des Kannibalengeistes am nördlichen Ende der Welt gehört. Mit seinem langen Schnabel knackt es den Schädel seiner Opfer auf und schlürft das Gehirn aus. Bei den Tänzen des *Hamatsa-* oder *Kannibalenbundes* der Kwakiutl treten diese Vogelmonster auch heute noch auf, wenn ein neues Mitglied in den Bund aufgenommen wird. Der unter der Maske verborgene Tänzer öffnet mit Hilfe einer Schnur den beweglichen Schnabel und schließt ihn wieder, wobei ein lautes Klappgeräusch entsteht. Dabei wird der Ruf »Hok-Hok« ausgestoßen, nach dem der Vogel seinen Namen erhalten hat.

˅ Darmhaut-Parka

Alaska-Eskimo, um 1880
Seesäuger-Darm, Wollfäden,
H ca. 100 cm, B ca. 140 cm
Inv.-Nr. IV A 6072

Die leichten, wasserdichten Parkas der Eskimo bestanden aus zusammengenähten Darmstreifen von Seesäugern wie Bartrobben, Walrossen oder Weißwalen. Im vorliegenden Fall handelt es sich um Walross-Darm, dessen Nähte zusätzlich mit Büscheln roter und schwarzer Wollfäden geschmückt sind. Diese Parkas wurden bei Regenwetter oder Fahrten im Kajak über die Fellkleidung gezogen, um sie vor dem Durchnässen zu schützen. Wenn der untere Rand der Parka fest um den hölzernen Ring der Kajaköffnung gebunden wurde, entstand eine wasserdichte Einheit, die beim Kentern des Bootes das Eindringen von Wasser verhinderte. Adrian Jacobsen erwarb diese Parka 1883 am Norton Sound in Westalaska.

> Tabakspfeife mit Ritzzeichnungen

Alaska-Eskimo, um 1880
Walross-Elfenbein, Farbpigmente,
L 32 cm; *Inv.-Nr. IV A 2676*

Bis zur Mitte des 18. Jahrhunderts war der Gebrauch von Tabak in Alaska unbekannt, erst durch den Kontakt mit Seefahrern und Händlern wurde das Rauchen dort eingeführt. Die gewöhnlichen Pfeifen hatten etwa die gleiche Form wie die hier gezeigte, das Rohr bestand jedoch aus Holz, der Pfeifenkopf aus Speckstein oder Metall. Aus Walross-Elfenbein gefertigte Pfeifen waren nicht für den eigenen

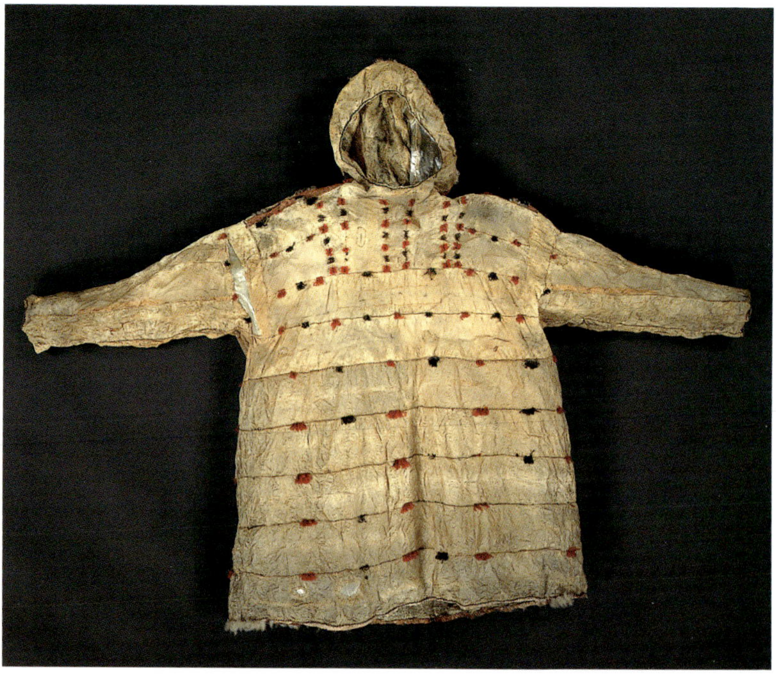

Gebrauch bestimmt, sondern dienten als Souvenirartikel für die fremden Besucher der Arktis. Sowohl die elegante Form als auch die feinen Ritzzeichnungen machen diese Pfeife zu einem Meisterwerk der Elfenbeinschnitzerei. Dargestellt sind überwiegend Jagdszenen, zum Beispiel die Jagd auf Karibus mit Pfeil und Bogen. Der schraffierte Streifen in der Mitte ist dabei als Erdoberfläche zu sehen, so dass die Szenen im unteren Teil auf dem Kopf stehen. Dort sieht man ein Haus mit Trockengestell und Vorratsspeicher, zu dem gerade Material auf Schlitten herbeigeschafft wird. Adrian Jacobsen erhielt diese Pfeife in dem Handelsposten Saint Michael am Norton Sound (Westalaska) von Rudolf Neumann, dem deutschstämmigen Agenten der Alaska Commercial Company, als Geschenk.

↗ **Zwei Schnupftabaksdosen**

Alaska-Eskimo, um 1880
Holz, Walross-Elfenbein,
Glasperlen, Farbe,
links: L 9,5 cm; *Inv.-Nr. IV A 4657*
rechts: Ø 8,5 cm; *Inv.-Nr. IV A 4644*

Diese beiden aus Holz geschnitzten und mit Einlagen aus Elfenbein und Glasperlen verzierten Döschen besitzen jeweils einen dicht schließenden Deckel. Tabak war in Alaska eine begehrte Handelsware, und den Schnupftabak stellten sich die Einheimischen meist selbst her durch Zerstoßen der

Tabakblätter in einem Mörser und Durchsieben des feinen Pulvers. Nach dem Vorbild europäischer Schnupftabaksdosen schufen die Eskimo Alaskas ihre lokalen Kreationen, entweder für den eigenen Gebrauch oder für den Handel mit Seeleuten und anderen Besuchern der Arktis.

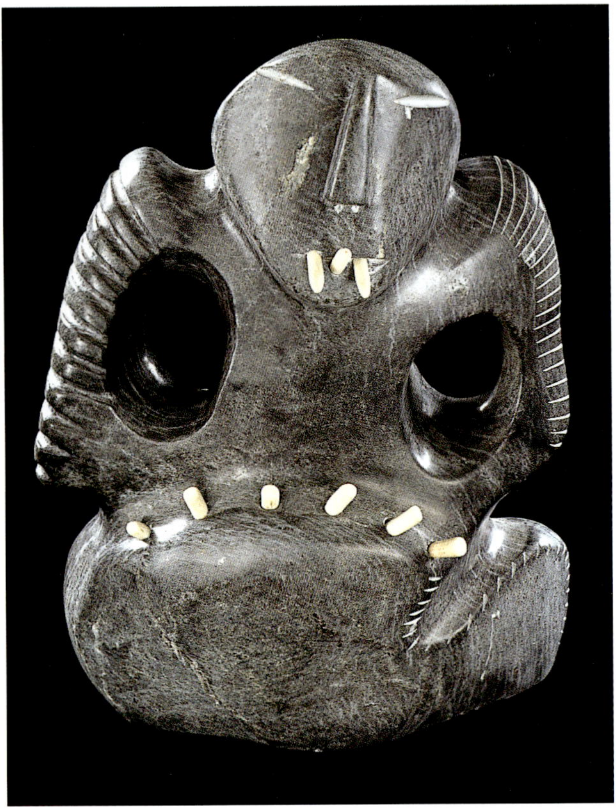

∧ **George Arluk, Schamane**
Steinplastik,
Inuit, ca. 1985
Serpentin, Knochen,
H 33 cm, B 24 cm

Die lange Tradition der Schnitzkunst in der Arktis wurde nach dem Zweiten Weltkrieg durch die Herstellung von Speckstein-Figuren bereichert. In der kanadischen Zentralarktis hatten sich immer mehr der dort beheimateten Inuit in festen Dörfern angesiedelt. Die Jagd und der Handel mit Pelzen bildeten keine ausreichende Lebensgrundlage mehr, da die Preise für Pelze von dem stark schwankenden Weltmarkt abhängig waren. Daher startete die kanadische Regierung ein Pilotprojekt, das den Inuit eine zusätzliche Einkommensquelle erschließen sollte: die Herstellung von Speckstein-Kunst. Tiere, Menschen, Dämonen und vor allem Szenen aus dem traditionellen Leben bildeten die häufigsten Motive. In kürzester Zeit entstand so eine neue Kunstform, die bei Galerien, Museen und Privatsammlern großen Anklang fand. Mehr als 5000 Inuit leben heute von dieser Kunst, und viele von ihnen haben das ursprüngliche Material Speckstein längst hinter sich gelassen und arbeiten mit anderen Steinmaterialien. George Arluk aus Baker Lake in den kanadischen Northwest Territories gehört zur jüngeren Generation von Künstlern, die versuchen, für traditio-

nelle Themen eine neue Formensprache zu finden, wie sein *Schamane* eindrucksvoll beweist.

Moderne indianische Kunst

∧ **Allan Houser, Chiricahua Medicine Man**

Bronzeplastik,
Chiricahua-Apachen, 1982
Bronze, Holz, H 26 cm
Inv.-Nr. IV B 13104

Allan Houser (1914–1994) begann 1924 zu malen und besuchte zunächst die Santa Fe Indian School, danach das Indian Art Center in Oklahoma. Von 1962 bis 1975 lehrte er am Institute of American Indian Arts in Santa Fe. Er bekam Aufträge für Wandmalereien in Behörden und Museen, doch sein Durchbruch als Künstler gelang ihm erst, als er sich in den sechziger Jahren der Bildhauerei zuwandte. In seinen Bronze- und Steinplastiken greift er traditionelle Themen auf, die er in ruhige, statische, monumental wirkende Formen umsetzt. Damit verschaffte er der indianischen Bildhauerei die Anerkennung als eigenständige Kunstform. Während viele seiner Skulpturen sich ganz aus einem tribalen Kontext gelöst haben, greift er bei seinem *Chiricahua Medicine Man* bewusst auf das traditionelle Erbe seiner Vorväter zurück.

^ **Kevin Red Star,**
Painted Crow Wolf

Gemälde, Crow, 1983
Acryl auf Leinwand,
H 90 cm, B 70 cm
Inv.-Nr. IV B 13117

Kevin Red Star gehört zu jener Generation indianischen Maler, die das Bild von der indianischer Kunst für immer verändert haben. Sein Lehrer am Institute of American Indian Arts in Santa Fe, an dem Red Star von 1962 bis 1965 studierte, war Fritz Scholder, der damit begann, ›hässliche‹ Indianer zu malen. Das stellte das Weltbild von Kunsthändlern und Sammlern auf den Kopf, die bis dahin nur Themen aus einer heilen, unpolitischen Indianerwelt kannten. Die Darstellung eines Indianers mit Bierdose oder Eiswaffel in der Hand wirkte in den sechziger Jahren so provozierend, dass Scholder mit dem Vorwurf konfrontiert wurde, er hätte die Würde des Indianers verunglimpft.
Als Schüler von Fritz Scholder griff Red Star ebenfalls Themen aus dem modernen Reservationsleben auf, präsentierte sie jedoch nicht so provokant wie sein Lehrer. Da er sich dem Ort seiner Herkunft, der Crow-Reservation in Montana, sehr verbunden fühlt, schöpft er seine Themen hauptsächlich aus der traditionsreichen Festkultur der Crow. Paraden, *Powwows* und andere zeremonielle Ereignisse bilden den Hindergrund für seine Gemälde und Lithografien.

> **Michael Kabotie,**
Kachina Coming

Gemälde, Hopi, 1979
Tempera auf Karton,
H 40,5 cm, B 51 cm
Inv.-Nr. IV B 12996

Michael Kabotie (Lomawywesa) gehört zur jüngeren Generation indianischer Maler des Südwestens, die sich vom traditionalistischen Stil ihrer Väter gelöst haben, ohne die traditionelle Thematik aufzugeben. Er studierte an der University of Arizona und war 1973 Mitbegründer der Hopi-Künstlergruppe »Artist Hopit«. Inspiriert von Wandmalereien in *Kivas,* den unterirdischen Zeremonialräumen der Hopi, arbeitete Kabotie in den siebziger Jahren in einem Stil, der als Hopi-Kubismus bekannt wurde. Dieser frühen Schaffensperiode entstammt sein Gemälde *Kachina Coming*, der Darstellung von acht verschiedenen *Kachina*-Tänzern, die an einem gemischten *Kachina*-Tanz teilnehmen.

↗ **Lawrence Paul,**
I Have a Vision …

Gemälde, Coast Salish, 1987
Acryl auf Leinwand,
H 174 cm, B 211 cm
Inv.-Nr. IV A 9511

Der vollständige Titel dieses Gemäldes lautet: »I Have a Vision that Some Day all Indigenous People Will Have Freedom and Self Government«. Dies könnte auch das Motto sein für die Kunst von Lawrence Paul. Aus den Elementen des Nordwestküstenstils formt er neue Inhalte, in denen er

deutlich auf Missstände hinweist: die Unterdrückung der Indianer und der indigenen Bevölkerung in aller Welt, der Umweltzerstörung und Ausbeutung der natürlichen Ressourcen. Er bezeichnet seine Kunst als »Salvation Art«, mit deren Hilfe er das Recht einfordert, als Indianer auf dem unzerstörten Land seiner Vorfahren zu leben.
Die großflächigen Formen dieses Gemäldes setzen sich aus den klassischen Formlinien-Elementen der Nordwestküstenkunst zusammen, werden hier jedoch ohne Anbindung an ein konkretes Objekt frei in den Raum gestellt und erhalten eine neue Farbgebung. Mit dieser Art von Malerei hat Lawrence Paul der Kunst der Nordwestküste eine völlig neue Richtung gegeben und einen Weg der möglichen Weiterentwicklung gezeigt, der bisher einzigartig ist.

Südsee und Australien

Die Ausstellung *Südsee und Australien* beruht in den Grundzügen auf einer Dauerausstellung von 1970, ist jedoch im Einzelnen seither mehrfach geändert worden, zuletzt in den Jahren 2001/03. Das Erdgeschoss zeigt vor allem Gegenstände aus dem Gebiet von Melanesien und Australien, während im Obergeschoss die Kulturen von Polynesien und Mikronesien vorgestellt werden. Eine Galerie zeitgenössischer Kunst Ozeaniens im Obergeschoss weist auf einen neuen Sammlungsschwerpunkt hin.

Das Zentrum der Dauerausstellung im Erdgeschoss bilden die Häuser mit dem Dorfplatz und die Bootsbühne mit den Booten aus Ozeanien. Einzigartig ist das Männer-Klubhaus von Palau, das von Augustin Krämer im Jahre 1907 in Auftrag gegeben wurde. Seine Ausschmückungen zeigen Motive aus dem gesellschaftlichen Leben, aus den religiösen Vorstellungen und aus darauf beruhenden Erzählungen. Ihm gegenüber steht das Kulthaus der Abelam aus Papua-Neuguinea, dessen Giebelwand und Friesbalken 1963 erworben wurden. Zusammen mit dem kleineren Vorratshaus an seiner Seite weist das Kulthaus auf eine der kunstreichen Regionen Neuguineas hin, die heute noch an ihren Traditionen festhält und weiterhin die hoch aufragenden Kultbauten errichtet.

Lange bevor die Europäer im 16. Jahrhundert ihre Entdeckungsfahrten in Ozeanien begannen, waren die Vorfahren der heutigen Bewohner der Inseln von Polynesien und Mikronesien auf ihren Fernfahrten in die Weiten der Südsee vorgestoßen. Weit verbreitet war das Auslegerboot mit Segel, ein Bootstyp, von dem das in Mikronesien gebaute Hochseesegelboot, die »Fliegende Prau«, eine höchst perfektionierte Variante darstellt. Der Bootskörper besteht aus einem einbaumförmigen Kielstück und mehreren aufgesetzten Planken, die mit Kokosfaserschnüren verbunden sind. Ein Beispiel für diese Konstruktion ist das hier ausgestellte Boot von den Marshall-Inseln. Die Doppelboote der Polynesier waren aus dem Zusammenbau von zwei Rümpfen von Auslegerbooten entstanden.

Da sich die großen Doppelboote der Polynesier nicht erhalten haben, wurde hier ein Doppelrumpfboot der Tonganer rekonstruiert. Für die hoch entwickelte Seefahrt in Ozeanien war das dreieckige Segel von entscheidender Bedeutung, eine Längsschiffbesegelung, bei der die größte Fläche des Segels, das ja mit einer Spitze nach unten ragt, in der oberen Region ist, wo der Wind stärker weht. Mit diesem Segel konnte man hart an den Wind gehen, das heißt in einem Winkel von bis zu 50 Grad, wodurch auch die Fahrten von West nach Ost zur Besiedlung der Inselwelt möglich waren.

Die Schnitzwerke aus Neuirland gehören zu den Meisterwerken ozeanischer Kunst. Ihre Formenvielfalt und die Fülle unterschiedlichster Motive ließen sie bald zu Lieblingsobjekten europäischer Sammler werden. Das Berliner Museum verfügt über eine ausgesprochen große Sammlung von diesen Inseln vor der Nordküste Neuguineas. Neben den zahlreichen Masken sind es vor allem vollplastische Figuren, Bildsäulen und Friese. Dabei wirkt die Skulptur mit ihrer durchbrochen ausgeführten Schnitzerei und der farbenreichen Malerei sehr aufgelockert. Diese so genannten *Malangan*-Schnitzereien wurden wie viele andere Schnitzwerke Melanesiens im Geheimen von bestimmten Künstlern ausgeführt. Obgleich diese Schnitzarbeiten an die Toten erinnern sollen, werden sie nach den entsprechenden Totenfesten zerstört. Daher spielt auf Neuirland das Wissen von und das Recht auf bestimmte Bilder eine große Rolle.

Ein anderes Zentrum künstlerischer Produktivität, das in der Ausstellung gezeigt wird, bildet das Sepik-Gebiet im Tiefland von Neuguinea, wohin das Berliner Museum schon 1912/13 eine große Forschungs- und Sammel-Expedition ausgesandt hatte. Die in der Ausstellung gezeigten Gegenstände verweisen auf die zahlreichen Verflechtungen innerhalb einer Kultur. Wenn auch der Ahnenkult Anlass zu zahlreichen bildnerischen Gestaltungen gegeben hat, so sind es oft unscheinbarere Gegenstände wie eine Netztasche oder ein Palmblütenhüllblatt, die einen tiefen symbolischen Wert für die Bewohner dieses tropischen Gebietes haben.

Das Sepik-Gebiet ist auch durch seine reichen Töpferwaren bekannt geworden, von denen in einer vergleichenden Schau hier einige Objekte zusammen mit Tonwaren aus anderen Gegenden Melanesiens gezeigt werden. Im Vergleich werden ferner verschiedene Kunstformen Melanesiens präsentiert, das heißt aus Neukaledonien, Vanuatu, den Salomo-Inseln, dem Bismarck-Archipel und aus Neuguinea.

Die Kulturgüter aus Australien werden im Zusammenhang mit der wissenschaftlichen Beschäftigung mit diesem Kontinent vorgestellt. Für die ethnologische Forschung stellten die Gesellschaft und Religion der Aborigines Australiens ein beliebtes Feld zur Erprobung von theoretischen Erklärungsansätzen dar. Die ausgestellten Gegenstände bilden einen Bogen von der europäischen Erforschung im 18. und 19. Jahrhundert bis in die Gegenwart.

Das Obergeschoss der Ozeanien-Ausstellung ist überwiegend regional gegliedert und zeigt die wichtigsten Kulturen aus Polynesien und Mikronesien. Einen zentralen Platz nehmen die Abbildungen unterschiedlicher Größe und Entstehungszeit ein, die neben den Exponaten von den Kulturen der Südsee berichten. Die an den Rückwänden der Vitrinen fixierten, meist großformatigen Reproduktionen von Stichen illustrieren die imaginierte Welt der Europäer zu Beginn der Begegnung mit meist unverstandenen Kulturen. Die kleinformatigen Fotografien innerhalb der Vitrinen dagegen verweisen auf die Zeit der Sammlungsentstehung gegen Ende des 19. und Anfang des 20. Jahrhunderts. Sie zeigen eine schon im Äußerlichen veränderte Welt. Ausgewählte Originalfotografien sollen im Wechsel dazu besondere Personen und historische Situationen in den Vordergrund stellen. In die Gegenwart dagegen führen die Vergrößerungen der fotografischen Arbeiten von Sabine Sauer über Mikronesien und von Marie-Hélène Villierme über Polynesien mit den Themen: Sonntagsgottesdienst und radioaktiv verseuchte Atolle, Schulerziehung und Touristenhotels, Kunsthandwerker und Fotografen, neue Tänze und Tatauierungen.

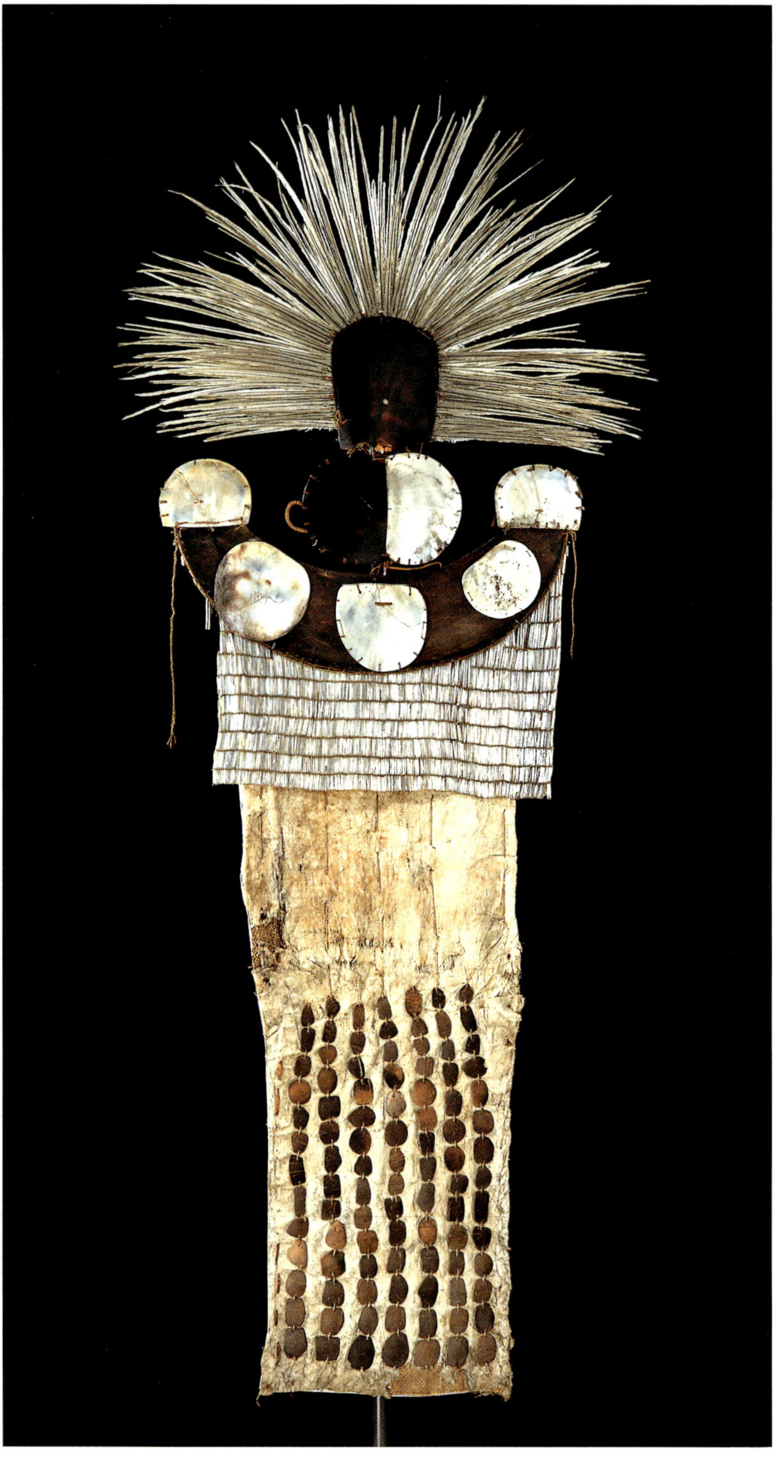

< **Trauergewand**

Tahiti, 18. Jh.; Rindenbast, Muschelschale, Federn, Holz, Kokosnussschale, L 144 cm
Sammlung Speyer 1936
Inv.-Nr. VI 45 128

Das Trauergewand besteht aus einer Maske mit hellem Perlmutt und schwarzen Muschelschalen, eingerahmt von einem Kranz aus Schwanzfedern des Tropikvogels, und besitzt einen sichelförmigen Schulteraufsatz aus Holz, ebenfalls mit Perlmuschelschalen besetzt. Geschliffene und durchbohrte stäbchenartige Perlmuttplättchen bilden einen Brustbehang. Darunter befindet sich ein Gewand aus Baststoff mit Scheibchen aus Kokosschale. Dem Gewand fehlt der Feder-Rückenmantel und eine Kopfbedeckung aus Rindenbast mit Federn. Während der Aufbahrung von verstorbenen hochrangigen Personen wurden Trauerrituale ausgeführt, bei denen der Priester durch das Gebiet des Verstorbenen zog und die Einwohner mit Muschelklappern vor dessen Kommen warnte. Trauergewänder waren kurz nach der Ankunft der Europäer schon um 1800 außer Gebrauch. Das Gewand von Berlin zählt zu den wenigen in Museen noch erhaltenen.

∨ **Federmantel**

Hawai‘i, ca. 1800
Federn, H 128 cm, B 225 cm
Sammlung Princess Louise 1829
Inv.-Nr. VI 366

Federmäntel gehören zu den spektakulärsten Gegenständen von Hawai‘i aus der vor-europäischen Zeit. Sie waren visuelle Symbole von Prestige und Macht der Häuptlinge. Diese Umhänge waren schon immer selten und wurden von einem zum anderen Häuptling weitervererbt. Wenn auch die Frauen die Federn vorbereiteten,

so lag die Herstellung der Mäntel in den Händen von angesehenen Männern, welche Tausende von Federn mit Fasern auf einer Art Fischfangnetz befestigten. Von den Königen von Hawai'i wurden sie zu Beginn des 19. Jahrhunderts oft an Schiffskapitäne abgegeben. So wurde auch dieser Mantel 1828 an Wilhelm Oswald übergeben, der das Geschenk zusammen mit anderen Gegenständen auf dem preußischen Seehandlungsschiff Princess Louise nach Berlin brachte und Friedrich Wilhelm III. übergab. Der Mantel stellt einen der Höhepunkte der Sammlung dar. James Cook verglich die Mäntel mit europäischem Samt. Vergleichbare Mäntel gab es sonst nur noch auf Neuseeland. Die Seltenheit der Vögel mit gelben Federn, die nur auf der Insel Hawai'i vorkamen, bestimmte den hohen Wert dieser Mäntel.

∧ **Pektoral**

Osterinsel, 19. Jh.
Holz, B 30 cm
Sammlung Schneider 1895
Inv.-Nr. VI 12 648

Dieses von einem Kapitän gegen Ende des 19. Jahrhunderts erworbene Pektoral hat eine mondsichelartige Form. An beiden Enden befinden sich kleine Schnitzwerke von vollplastischen Männerköpfen, die in ihrer Form typisch für Figuren von der Osterinsel sind. Die Bedeutung der Vertiefung auf der flachen Seite ist nicht bekannt. Berichten zufolge soll dieser Brustschmuck zu Festen anlässlich der Pflanzung von Süßkartoffeln getragen worden sein, manchmal sogar mehrere Pektorale gleichzeitig. Vor allem hoch stehende Männer zeigten sich mit diesem Schmuck, während Frauen sich kleinere Pektorale umhängten.

> **Götterfigur Sope**

Nukuoro, 19. Jh.
Holz, H 168 cm, B 31 cm
Sammlung Kubary 1877
Inv.-Nr. VI 2216

Diese Figur gehört zu den herausragendsten Plastiken Ozeaniens. Skulpturen von Brancusi oder auch von den archaischen Kykladen treten vor das Auge des westlichen Betrachters, wenn er sich in die Schlichtheit der Formen dieser Götterfigur versenkt. Nukuoro bildet ein Atoll von mehreren kleinen Inseln im Gebiet von Mikronesien, stellt jedoch eine der zwölf Exklaven (durch Rückwanderungen oder Verschlagungen) mit polynesischem Ursprung dar. Obgleich das Atoll schon mindestens seit dem 9. Jahrhundert n. Chr. besiedelt worden ist, fanden die polynesischen Einwanderungen später statt, vor der Entdeckung durch eine spanische Fregatte 1806. Die erste ausführliche Beschreibung lesen wir bei Johan Stanislaw Kubary (1846–1896), der das Atoll 1873 und 1877 besuchte und unsere Figur für das Berliner Museum erwarb. Zur Zeit von Kubary wurden zwei verschiedene Gruppen von überirdischen Wesen unterschieden: erstens Gottheiten oder mythische Gestalten mit einem bestimmten Herrschaftsgebiet und zweitens Ahnen beziehungsweise vergöttlichte Vorfahren. Die bedeutendsten Gottheiten hatten ihr Sinnbild oder ihren Sitz in einem *tino*, welches ein Stein, eine Holzfigur oder auch ein Tier beziehungsweise eine Tiergattung sein konnte. Von den Gottheiten aus Holz sind zwei Arten bekannt: lebensgroße Figuren aus grobfaserigem, leicht rötlichem Holz und kleinere Figuren aus Brotfruchtbaumholz. Die Figuren sind aus dem vollen geschnitzt mit eiförmigem Kopf, nur angedeuteten Ohren und steif nach unten gerichteten Armen, die Brüste sind nur wenig markiert, ebenso die Geschlechtsmerkmale. Der Gottheit Sope, deren Geschlecht nicht näher bestimmt ist, waren in einem Kulthaus sechs Plastiken geweiht. Im gleichen Kulthaus befand sich ein Bildnis

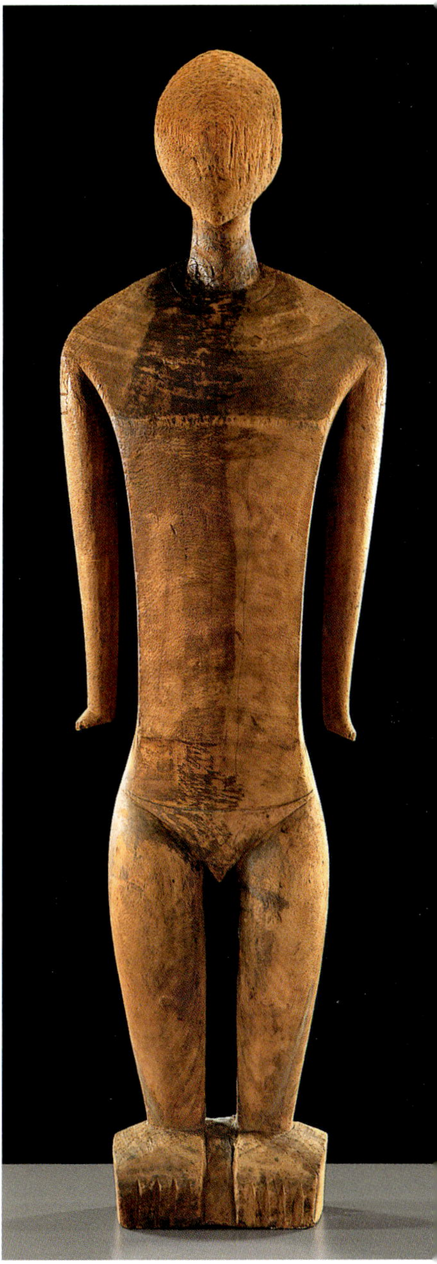

aus vulkanischem Gestein, dem Gott der Unterwelt geweiht, während der Ahnherr der Siedlung Ko Wawe in einem großen Korallenstein auf dem Kultplatz verehrt wurde.

V **Federkasten**

Neuseeland, 18. Jh.
Holz, L 40 cm
Sammlung Lichtenstein 1858
Inv.-Nr. VI 592

Wie bei vielen Objekten aus der frühen Zeit der ethnographischen Sammlung ist die Zuordnung zu den Reisen von James Cook nicht immer sicher nachzuweisen. Federkästen sind zwar in späteren Sammlungen sehr zahlreich, doch sind sie bisher nicht eindeutig zugewiesen worden. Heinrich Lichtenstein, damaliger Direktor des Berliner Museums für Naturkunde, war entscheidend daran beteiligt, Gegenstände aus den Sammlungen von Cook nach Berlin zu bringen. Er reiste 1819 nach London, um ›Kuriositäten‹ auf einer Auktion zu kaufen, unter denen sich Gegenstände von Cooks Reisen befanden. So liegt es nahe, auch diesen Federkasten, der aus dem Nachlass von Lichtenstein stammt, Cooks Reisen zuzuordnen.

In diesen Behältern aus Holz wurden persönliche Wertgegenstände aufbewahrt. Die Häuser der Maori hatten keine Regale oder anderes Mobiliar, so dass zur Aufbewahrung Behälter notwendig waren. Die Federkästen hatten unterschiedliche Größe, von 25 bis zu 90 cm Länge, und waren meistens überreich verziert. Obgleich die Behälter *wakahuia* genannt wurden (*waka* = Boot, *huia* = Wertvolles oder Vogel mit weißen Spitzen an schwarzen Schwanz-Federn) und daher der Name »Federkasten« stammt, wurden in ihnen vor allem die so wertvollen Schmuckstücke aus Nephrit aufbewahrt, in den größeren Behältern Kämme und Nephrit-Keulen. Die Federkästen sind entweder oval oder rechteckig, manche wurden auch mit durch Ösen gezogenen Schnüren an den Dachsparren aufgehängt. Die Behälter wurden an allen Seiten verziert, häufig besonders prächtig an der Unterseite, da sie von dort gesehen wurden.

^ **Korb**

Tonga, 19. Jh.
Kokosfiederblattrippen, Kokosfaser, Pflanzenfasern, H 18 cm, Ø 36 cm
Sammlung Konietzko 1955
Inv.-Nr. VI 46 123

Dieser *kato alu* (weiblicher Korb) genannte Behälter ist rund geformt, aus einem Ring von Kokospalmblattrippen gearbeitet, die mit einer Liane (*alu*) umwickelt wurden. Die Körbe wurden für unterschiedliche Zwecke genutzt, zum Beispiel für die Aufbewahrung persönlicher Dinge bei Hochzeiten und Beerdigungen. Schon während der Reisen von Cook wurden zahlreiche dieser Körbe gesammelt. Aus verschiedenem Material und in unterschiedlicher Form hergestellt, bilden diese Körbe einen Höhepunkt der Handwerkskunst von Tonga. Die verschiedenen Typen hatten eigene Namen. Ein wichtiges Material für die Körbe bildete die Schnur aus Teilen der Kokospalme. Manche Körbe waren mit weißen Muschelschalen oder mit roten Federn bedeckt. Die Hauptfarben der Fasern waren Braun und Schwarz. Zur Verzierung diente oft ein geometrisches Muster, meistens aus Dreiecken. Die Verzierung der Körbe rief die Bewunderung Johann Reinhold Forsters hervor, der ihren »einfallsreichen Geist« und ihren »vornehmen Geschmack« 1778 festhielt. Die Körbe wurden damals auch schon in Reiseberichten abgebildet.

∨ Anhänger

Marianen, Insel Rota,
18. Jh.; Tridacna,
B 6,5 cm / 6,8 cm / 15 cm
Sammlung Fritz 1901
Inv.-Nr. VI 20 715, VI 22 392, VI 49 735

Diese aus Muschelschale gearbeiteten halbmondförmigen Anhänger mit durchbrochenen Enden wurden

sowohl in großen Steinbauten als auch außerhalb davon gefunden. Ihre Verwendung als Anhänger oder Brustschmuck ist nicht gesichert nachzuweisen, vielleicht wurden sie auch als Sinksteine für Netze beim Fischfang genutzt. Weiterer Schmuck der Chamorro auf den Marianen waren durchbohrte Muschelscheibchen, die auf Schnüre aufgezogen wurden, oder Armringe aus Trochus-Schale.

> Männerklub-Haus

Palau, 1907
Holz, L 12,80 m
Sammlung Krämer/Kahlbaum 1907
Inv.-Nr. VI 26 814

Die Männerklub-Häuser von Palau im westlichen Mikronesien verdeutlichen die Verbindung der Kulturen Ozeaniens mit denen von Indonesien: Sie erinnern in ihrer Bauweise an die südostasiatische Architektur. Das Berliner *bai* wurde von Augustin Krämer während seiner Forschungsarbeiten auf diesen Inseln in Auftrag gegeben. Krämer folgte damit dem traditionellen Muster, da auch die Männer eines solchen Klubs auf Palau ihr Haus nicht selbst bauten, sondern bei einer anderen Gemeinschaft bestellten. Das Berliner *bai* entstand unter dem Baumeister Golegeril unter Mitarbeit von circa 40 Schnitzern in zwei Monaten. Auf der abgebildeten Giebelseite ist die Mythe vom Fische spendenden Brotfruchtbaum dargestellt, die das Thema der wundersamen Nahrungsvermehrung in der Urzeit aufgreift. Die weibliche Figur mit den gespreizten Beinen stellt vermutlich eine *armongol* dar, eines der Mädchen, die aus fremden Dörfern in das Klubhaus kamen, um die Männer zu versorgen. Dort unterhielten sie gegen Bezahlung sexuelle Beziehungen. Das Geld, das die jungen Frauen verdienten, verteilten sie nach ihrer Rückkehr an die Dorfbewohner und erlangten so großes Ansehen. Nicht selten führten diese Besuche zu späteren Eheschließungen. Der Aufenthalt galt als Lehrzeit auch in politischen Fragen, weil sich die jungen Frauen an allen friedlichen Unternehmungen der Männer beteiligten. Ansonsten hatten Frauen keinen

Zutritt zu den Klubhäusern. Das Innere der Häuser überspannen acht Balken, die zahlreiche Bildergeschichten zeigen. Ähnliche Balken gaben den Künstlern der deutschen Künstlervereinigung »Brücke« große Anregungen.

≫ Opferschale

Zentral-Karolinen, um 1900
Holz, L 32 cm, B 19 cm
Sammlung Konietzko 1917
Inv.-Nr. VI 40 525

Dieses auch »Opferschale« genannte Modell eines Doppelbootes war manchmal bis zu einem Meter lang und diente als Weihegabe und bei magischen Handlungen. Oft war noch ein Tanzstab mit daran befestigten Weihegaben wie Halsringen, Schildpattringen, Blütenkränzen quer darüber gelegt. Opferschalen hingen in Bootshäusern vom Firstbalken herunter und boten mit ihrer Bemalung, ähnlich der von Segelbooten, einen bunten Anblick. Die vier Bootsenden oder Gallionen sollen mit ihren Halbmonden die Schwänze des Lieblingsfisches des Gottes Olifat darstellen. Dieser Götterbote war laut der Mythologie mit einem Doppelboot nach Truk gekommen und hatte einem Mann den Bau eines solchen Kultbootes beigebracht. Obgleich die Mikronesier schon lange nur Auslegerboote als Fahrzeuge benutzten, stellen diese Doppelboote vielleicht eine Erinnerung an früher vorhandene Bootsformen dar. Der Geist von Verstorbenen wurde herbeigerufen und sollte sich auf diesem Boot niederlassen, wenn eine Krankheit vertrieben werden sollte, eine reiche Ernte oder Erfolg beim Fischfang herbeigewünscht wurden. Die Bewohner der Zentral-Karolinen gelten auch heute noch als Spezialisten im Bau von schnellen Booten und als gute Navigatoren.

∧ **Schale**

Wuwulu, Westliche Inseln,
19. Jh.; Holz, L 40 cm
Sammlung Kärnbach 1893
Inv.-Nr. VI 11 789

Diese flachen, eckigen Schalen gehören zu den schönsten der verschiedenen Speiseschüsseln von Wuwulu. Sie dienten für frisch zubereiteten Fisch. Auffallend sind die äußerst dünnen, senkrechten Seiten, der Boden ist hingegen dicker. Mit Kalk und Meerwasser ätzte man Figuren auf das Holz, das anfangs hellrot, später durch den Gebrauch mit einer dunklen kohleartigen Kruste überzogen wurde, so dass die Malerei nicht mehr sichtbar war. In der Mitte der Schüssel sammelten sich Brühe und Fett. Die Flüssigkeit wurde dann in Kokosschalen abgegossen, oder man mischte sie mit Kokosraspeln und Taro, um damit das Hauptgericht zu bereiten. Die Männer der Inseln Wuwulu und Aua im Norden von Neuguinea waren ausgezeichnete Schnitzer und besaßen eine Technik der Holzbearbeitung, die insbesondere bei der Verzapfung auf Einflüsse aus dem Raume Indonesiens schließen lassen.

> **Segelboot mit Ausleger**

Jaluit, Marshall-Inseln, 19. Jh.
Holz des Brotfruchtbaumes,
Kokosfaserschnur, Pandanusblatt,
L 510 cm, B 385 cm,
H (mit Takelung) 620 cm
Sammlung Finsch 1883
Inv.-Nr. VI 5 945

Einen der ersten Berichte über die Bewohner der Marshall-Inseln verdanken wir dem Dichter Adelbert von Chamisso, der an einer großen russischen Expedition in die Südsee teilgenommen hatte. Er schrieb begeistert von der Tüchtigkeit der Südsee-Insulaner als Seefahrer, von der Wendigkeit ihrer Boote, die damals den schwerfälligeren europäischen Schiffen oft überlegen waren. Das hier gezeigte Boot von den Marshall-Inseln wurde viele Jahre später von Otto Finsch, einem großen Reisenden und Sammler, erworben. Es gehörte Häuptling Loik. Die Umstände der Erwerbung dieses Bootes sind für die damalige Zeit bemerkenswert. Finsch erwähnt,

dass er Schwierigkeiten hatte, das Boot zu erwerben, da die Marshall-Insulaner es damals für ihre Kriegführung benötigten. Der mit der deutschen Kolonialmacht später eng verbundene Häuptling Kabua hatte zwar noch 13 Boote, benötigte sie aber selbst. Sein Gegner Loik hingegen besaß mehr Boote, verfügte aber über weniger Geld für seine Kriegsführung. Schon zu dieser Zeit ging die Kenntnis vom Bootsbau verloren.

Das Atoll von Jaluit soll damals noch 30 dieser Segelboote besessen haben. Die sehr großen Boote waren meistens im Besitz der Häuptlinge. Das Berliner Boot ist mittlerer Größe und kann bis zu zwölf Personen tragen, die großen hingegen transportierten bis zu 50 Personen. Das Boot besteht aus einem Bootskörper, dem Auslegergeschirr und der Takelage mit Segel. Der Bootskörper wird aus einem einbaumförmigen Kielstück und mehreren aufgesetzten, mit ihren Kanten aufeinander stoßenden Planken gebildet. Mit Brotfruchtbaumharz und Pandanusblattstreifen werden die Fugen der Planken abgedichtet. Der Bootsrumpf hat auf beiden Seiten gleich geformte Enden. Die Seiten des Rumpfes sind asymmetrisch, das heißt die dem Ausleger zugewandte Seite ist stärker gewölbt. Damit soll der Abdrift des Bootes entgegengewirkt werden. Der Mast steht beweglich in einem Sockel und ist immer länger als der Rumpf des Bootes. Früher waren die Segel aus Pandanusblatt geflochten. Die Boote der Häuptlinge hatten besonders verzierte Enden aus helmartigen Aufsätzen mit fächerförmiger Verzierung. Federn des Fregattvogels schmückten die Mastspitze und den Rand des Segels. Der Sitz des Häuptlings war stets auf der Leeplattform. Die Segelboote der Marshall-Inseln haben große Ähnlichkeit mit jenen der Zentral-Karolinen, die sich von ihnen nur in der Konstruktion des Auslegers unterscheiden. Auf den Zentral-Karolinen hat sich die Kenntnis der Seefahrt noch weit in das 20. Jahrhundert erhalten. Heute bildet der wieder belebte Bootsbau auf vielen Inseln Ozeaniens einen Mittelpunkt für die Identifikation mit der eigenen Vergangenheit. Besonders die Treffen anlässlich von Festivals führten zu einer Wiederbelebung der alten Bootsbautradition, wenn auch unter veränderten Vorzeichen.

< **Tapa**

Samoa, 19. Jh.
Rindenbaststoff, L 150 cm
Sammlung C. F. Lehmann 1953
Inv.-Nr. VI 46 050

Rindenbaststoffe, oft auch nur mit dem polynesischen Wort *tapa* bezeichnet, womit jedoch nur der ungefärbte und ungemusterte Rand dieser Stoffe gemeint ist, wurden vor allem in Polynesien zu einer besonderen Kunstfertigkeit entwickelt. Männer benutzten Baststoffe als Durchziehschurze und Hüfttücher, große *Tapa*-Stücke wurden von Frauen um die Taille gewickelt. *Tapa* diente aber auch als Schlafdecke und zur Abtrennung von Räumen. Häufig benutzte man ungefärbte Baststoffe zum Einkleiden von Götterbildnissen. Ausgangsmaterial war immer eine Bastschicht vom Inneren eines Baumes, wie Feigenbaum oder Papiermaulbeerbaum. Nach dem Wässern bearbeite-

ten die Frauen den Bast mit Holzschlägeln. Die Farben für die Bemusterung gewann man aus Pflanzen und Ruß. Die Bemalung geschah entweder mit einem Pinsel oder es wurden die Muster mit unter der *Tapa* liegenden Matrizen durchgerieben und nachgezeichnet. Auf Hawai'i verwendete man auch Stempel. *Tapa* wird auch heute noch in Polynesien hergestellt.

∧ **Kleid aus patchwork**

Samoa, 19. Jh.
Baumwolle, L 220 cm
Sammlung Schweidel 1908
Inv.-Nr. VI 26 868

Die Veränderung der traditionellen Kleidung unter dem Einfluss der Europäer gehört zu den augenfälligsten Wandlungen innerhalb der Südseekulturen. Ihre große Vielfalt wurde auf wenige Typen, die von der Mode der Kolonialherren abhingen, reduziert. Mit der Zeit entstand aus dieser Vermischung jedoch ein neuer Kleidungsstil, der heute zum Teil als Zeichen einer neuen eigenen Identität angesehen wird. Auf Hawai'i wurden Patchwork- und Quilt-Arbeiten durch die Frauen der American Board of Commissioners for Foreign Missions in der Zeit nach 1820 eingeführt. Die einheimischen Frauen wandten diese neue Technik sowohl auf Rindenbast an, dem traditionellen Rohstoff zur Herstellung von Kleidung, verwandten aber auch Baumwolle oder beide Materialien in ein und demselben Kleidungsstück. Die Kolonialherren äußerten sich gern abfällig über die traditionelle Kleidung der von ihnen Kolonisierten, aber auch über allzu ›extravagante‹ Übernahmen – auf Tahiti trugen die einheimischen Frauen eine zeitlang Schleppkleider.

∨ **Maske**

Simbang, Huon-Golf-Region, Neuguinea
Rindenbast, Kasuarfedern, Holz, Federn, H 75 cm, B 25 cm
Sammlung Pfalzer 1897
Inv.-Nr. VI 13 372

Diese Masken verkörpern Geister, die mit der Dorfgründung verbunden sind. Nach einer anderen Überlieferung wurden diese Masken von der Westküste von Neubritannien eingeführt.

Die *tago* genannten Masken gehörten einzelnen Verwandtschaftsgruppen. Sie unterscheiden sich voneinander beispielsweise in der Art ihrer Bemalung, ihrer Ausstattung mit Blütenschmuck und Muschelketten. Die Masken bestehen immer aus einem Rohrgeflecht, auf das Rindenbast aufgezogen wird, die schmale Nase besteht aus Holz. Schmale Schlitze an den Seiten der Nase erleichtern das Sehen des Maskenträgers. Der Körperbedeckung der Maskenträger dienten zerschlissene Blätter der Sagopalme, die sowohl um die Taille als auch um die Schulter gehängt wurden. Ein grüner Kragen aus Cordylineblättern und Farnkraut bildete den Abschluss. Die Masken wurden in einem Haus im Wald aufbewahrt, von dem Frauen und Kinder sich fernzuhalten hatten. Während des Auftretens dieser Masken war das Verzehren von Kokosnüssen verboten. Das Erscheinen der Masken kündigte man mit dem Blasen von *Tritonshörnern* an. Manche der Masken kamen auch mit Booten an Land, um ihre ferne Herkunft zu betonen. Das Verschwinden der Masken wurde von Wehklagen wie bei einer Trauer begleitet.

> **Männliche Figur**

Mundugumor, Sepik-Gebiet,
19. Jh.; Holz, H 139 cm
Sammlung Thurnwald 1913
Inv.-Nr. VI 42 096

Die Schnitzereien der Mundugumor wurden erst später als andere Sepik-Figuren bekannt. Die von Richard Thurnwald gesammelten Stücke gingen teilweise in den Wirren des Ersten Weltkrieges verloren. Über ihren Verbleib ist nichts bekannt. Daher bleibt bis heute vieles zu diesen Werken unbestimmt. Kennzeichnend für die Figuren der Mundugumor (auch der Biwat am Yuat, einem Nebenfluss des Sepik) ist die eigenartige Verbindung zwischen Kopf und Körper, die Köpfe wirken ›vorgesetzt‹, so dass der im Allgemeinen sehr große Kopf wie eine Maske vorneweg getragen wird. Die Figuren haben oft auch etwas ›gnomenhaftes‹. Bekannt wurde dieser Stil durch die so genannten Flötenaufsätze, aber auch durch größere Figuren, die Verkörperungen von Ahnen oder Geistern darstellen. Die Bildnisse der Gründerahnen standen teilweise in den Wohnhäusern der Ältesten einer Verwandtschaftsgruppe.

∧ **Dachaufsatz**

Mittelsepik
Ton, Schneckenschale,
H 47 cm, B 26 cm
Sammlung Merk-Ikier 1931
Inv.-Nr. VI 42 537

Dieser aus Ton und Schneckenschale gefertigte Dachaufsatz (andere wurden aus Holz geschnitzt) aus dem Gebiet des Mittelsepik greift ein mythologisches Hauptmotiv auf: Adler und Urahn. Der Urahn ist einerseits als Mensch zu verstehen, andererseits repräsentiert er in Vogelgestalt den mythischen Adler, der den ersten Menschen aus dem Wasser zog. Grundsätzlich steht das Motiv des Adlers auch für die kriegerische Kraft eines Dorfes – und hat insofern einen kannibalischen Aspekt. Gegenwärtig werden Tongegenstände wie dieser Dachaufsatz und andere Töpferwaren nur noch in dem Dorf Aibom hergestellt. Früher stellten die Frauen die Gefäßform her, während die Männer die plastischen Verzierungen anbrachten und sie bemalten, wie im vorliegenden Fall den Vogel und das menschliche Gesicht. Die Dörfer im Gebiet des Mittelsepik sind auch heute noch in ein verzweigtes Netz von Handelsbeziehungen eingefügt. Die Dörfer am Flusslauf haben die größten Fischvorkommen, die Siedlungen im Hinterland dagegen ausgedehnte Sago-Ressourcen. Das Dorf Aibom hat dank seiner Tonvorkommen eine Monopolstellung im Handel mit Töpferwaren aufgebaut.

↗ **Schlitztrommel**

Mittelsepik, 19. Jh.
Holz, L 280 cm, H 40 cm
Sammlung Beelitz 1991
Inv.Nr.: VI 56 524

Die Schlitztrommeln dienten am Mittelsepik der Kommunikation: Durch bestimmte Trommelschläge, die die väterliche und mütterliche Verwandtschaftsgruppe repräsentierten, konnte eine Person herbeigerufen werden. Andererseits sind Schlitztrommeln jedoch auch wichtige musikalische Begleitinstrumente

bei Festen, sie können sogar den Mittelpunkt eines Festes bilden, wenn durch ihre Trommelschläge die Anwesenheit bestimmter Ahnen ausgedrückt wird. In diesen Fällen werden die Trommeln mit Blattwerk geschmückt und vor den Augen Uneingeweihter verborgen.
Die Darstellungen an den Schlitztrommeln – beispielsweise Krokodilköpfe und Vogelköpfe – beziehen sich auf Tier-Ahnen-Mythen. Schlitztrommeln werden in den Männerhäusern aufbewahrt und mit großer Sorgfalt behandelt. Sie besitzen wie viele andere herausragende Gegenstände Namen, die auf die mythologischen Zusammenhänge verweisen.

> **Uli-Figur**

Neuirland, 19. Jh.
Holz, H 158 cm, B 47 cm, T 33 cm
Sammlung Franke 1986
Inv.-Nr. VI 55 022

Uli-Figuren zählen zu den von europäischen Kunstsammlern bevorzugten Figuren aus Ozeanien. Die Doppelgeschlechtlichkeit dieser Skulpturen spielte dabei eine besondere Rolle. Das Berliner Museum besaß vor dem Zweiten Weltkrieg vermutlich eine der umfangreichsten Sammlungen von *Uli-Figuren*. Sie stammen aus dem nördlichen Mittel-Neuirland und wurden erst nach dem 19. Jahrhundert den Europäern bekannt. Nach den dreißiger

Jahren konnten keine dieser Figuren mehr erworben werden. Ähnlich den so genannten *Malanggan*-Schnitzwerken sind auch die Augen der *Uli-Figuren* aus dem Deckel der Meeresschnecke *Turbo petholatus* gefertigt. Die Figuren sind von untersetzter massiger Gestalt, haben meist einen großen Kopf mit einem hohen Scheitelkamm, Penis und Brüste kennzeichnen ihre Doppelgeschlechtlichkeit. Gemeinsam ist den *Uli* ferner ein gemusterter Gürtel unterhalb der Brüste. Die *Uli-Figuren* werden von kleineren *Uli* begleitet. Sie sind vor dem Oberkörper, vor dem Bauch, an den Seiten des Kopfes oder seitlich der Beine angebracht. *Uli-Figuren* waren nur bei großen Festen sichtbar, ansonsten blieben sie in den Männerhäusern verborgen.

> **Malanggan-Figur**

Neuirland
Holz, H 178 cm, B 30 cm, T 26 cm
Sammlung Hernsheim 1880
Inv.-Nr. VI 2810

Die *Malanggane* aus Neuirland gehören mit zu den bekanntesten Schnitzwerken aus Ozeanien, die in einer sehr großen Zahl – geschätzt werden mindestens 15 000 – von den europäischen Sammlern regelrecht gehortet wurden. Andererseits ist über ihre vielfältigen Formen und Darstellungen nicht sehr viel bekannt geworden. Da die Muster und Motive auch zwischen Siedlungen ausgetauscht wurden, lässt sich heute in vielen Fällen eine genaue Herkunft der Schnitzereien nicht mehr rekonstruieren. Die *Malanggane* aus dem nördlichen Neuirland sind Teil eines kulturellen Komplexes, der in zehn verschiedenen Sprachgruppen nachgewiesen wurde. Die Bezeichnung »Malanggan« ebenso wie der Stil von *Malangganen* ist weit über Neuirland hinaus verbreitet. *Malanggane* werden heute noch hergestellt, wenn auch unter veränderten Bedingungen. Die Schnitzereien dienten dazu, vor allem bei den Begräbnissen und Festen zur Erinnerung an die Toten, die angeheirateten Verwandten zu ehren. Die dabei verwendeten

< **Weibliche Tanzfigur**

Viveren, Gazelle-Halbinsel,
Neubritannien
Holz, H 80 cm, B 22 cm
Sammlung Thurnwald 1907
Inv.-Nr. VI 27 657

Die von Richard Thurnwald als »Zauberweib der Iniet« bezeichnete Figur weist eine Bemalung mit weißer, schwarzer und roter Farbe auf. Sie ist aus leichtem Holz geschnitzt, wie es bei diesen in den Händen gehaltenen Tanzfiguren üblich ist. Nach einer Notiz des Sammlers wurden solche Figuren den Novizen überreicht, die in den Iniet-Bund eintraten. Die im Tanze ausgeführte Übergabe der Figur wurde von Gesängen begleitet. Diese Tanzfiguren von männlichem oder weiblichem Geschlecht sind immer mit erhobenen Armen (*Adoranten*) dargestellt, manchmal in einen sie umgebenden dünnen Rahmen eingefügt. Der Iniet-Bund war für die Europäer mit Geheimnissen umgeben und wurde entsprechend angefeindet. Das Gebiet der Gazelle-Halbinsel war während der Kolonialzeit besonders von wirtschaftlichen und sozialen Veränderungen durch die Plantagenwirtschaft betroffen. Die dort ansässige Tolai-Bevölkerung war jedoch stark genug, um sich mit den europäischen Einflüssen auseinander zu setzen und ihre Traditionen beizubehalten. Der Iniet-Bund bedeutete eine enge Verbindung der Lebenden mit den Verstorbenen und spielte besonders bei der Heilung von Kranken eine Rolle. Die Versammlungen des Bundes fanden geheim außerhalb der Siedlungen statt. In mehreren Stufen wurden die Novizen in das Wissen und die Handlungen des Bundes eingeführt.

Skulpturen und Masken wurden für jede Gelegenheit neu hergestellt, im rituellen Kontext verwendet und gezeigt sowie anschließend zerstört. Sie sind nicht Abbilder der Toten, sondern die Verkörperung von deren Lebenskraft. Neben den figuralen Skulpturen gibt es horizontale Schnitzwerke und säulenförmige, teilweise sehr hohe Skulpturen sowie Masken unterschiedlicher Art.

Dazu gehörte auch das Zeigen und Übergeben von Kunstwerken. Auffallend ist nicht nur bei den kleinen hölzernen Tanzfiguren, sondern mehr noch bei den steinernen Iniet-Figuren die große Fülle an individueller Fantasie, welche eine große Variation von Gestaltungen hervorgebracht hat und die in manchen Fällen beginnt, sich in ornamentale Formen aufzulösen.

∧ **Tanzschild**

Buin, südliches Bougainville,
Gebiet der Telei
Holz, H 44 cm, B 55 cm
Sammlung Thurnwald 1907
Inv.-Nr. VI 28 022

Der Schild gehört zu den zahlreichen Tanzrequisiten, die bei Festen von den Tänzern getragen und mit Bewegung erfüllt wurden. Die Tanzschilde aus dem Buin-Gebiet bestehen aus zwei Flügeln, die durch einen Griff miteinander verbunden sind. Vorder- und Rückseite der Schilde sind verziert mit geschnitzten Mustern, die mit roter, weißer und schwarzer Farbe bemalt sind. Diese Schilde sollen von der Gruppe der Telei aus dem südlichen Bougainville stammen. Die Schilde wurden bei dem *Unu*-Fest verwendet, bei dem die heranwachsenden Jünglinge in die Gesellschaft der Erwachsenen aufgenommen wurden. Nach Angaben des Sammlers Thurnwald sollen die Schilde die Sonne symbolisieren. Andere Gegenstände wie Tanzkeulen symbolisieren den Mond oder den Morgenstern. Manche Tanzschilde zeigen auch im mittleren Teil eine anthropomorphe Figur. Gemeinsam sind derartigen Gegenständen aus dem Gebiet der nördlichen Salomonen ihre flachen Reliefschnitzereien. Sie werden meistens rot und schwarz, teilweise auch mit weißer Farbe bemalt. Es fehlt ihnen jedoch die sonst für die Salomonen übliche Einlegearbeit mit Perlmuttschale.

< **Schild**

Maipua, Purari-Delta, Papua-Golf
Holz, H 89 cm
Sammlung Umlauff 1900
Inv.-Nr. VI 21 036

Die künstlerische Gestaltung der Gegenstände dieser Gegend beschränkt sich vor allem auf die Fläche. Die Ornamente sind als flaches Relief eingeschnitten und bemalt. Überwiegend Winkel- und Zackenbänder umrahmen Darstellungen von Gesichtern. Dies gilt besonders für die Tragbandschilde mit ihrem rechteckigen Einschnitt in der oberen Kante, durch den der Bogenschütze seinen Arm strecken konnte. Kennzeichnend ist, dass die Reliefarbeit nur sparsam ausgeführt ist und insgesamt die Malerei dominiert. Die Farbpalette zeigt ein weites Spektrum, das über Rot, Weiß und Schwarz hinausgeht und Braun und Gelbtöne einschließt.

> **Maske**

Inseln der Torres-Straße, 19. Jh.
Schildpatt, H 57 cm, B 26 cm
Sammlung Linde 1860
Inv.-Nr. VI 653

Die kleinen Inseln der Torres-Straße zwischen Neuguinea und Australien gehören heute politisch zu Australien, waren jedoch kulturell eng mit Neuguinea verbunden. Schon früh begann dort eine Veränderung der Kultur, da zahlreiche Schiffe die nahe Wasserstraße benutzten. Umfangreicher Handel verband früher die Inseln mit Neuguinea und Australien. Die bekanntesten Arbeiten dieser ehemals herausragenden Fischer, die besonders Seekühe und Schildkröten jagten, sind aus Schildpatt. Aus diesem Material wurden in erwärmtem Zustand Masken und Kopfaufsätze hergestellt. Die einzelnen Schildpatt-Platten wurden zusammengenäht. Die Masken stellen Tiere, etwa Fische, oder Menschen dar. Sie wurden bei großen Tanzfesten, die sich auf die Taten mythischer Vorfahren bezogen, benutzt. Von diesen Schildpatt-Masken haben sich nur wenige erhalten. Unsere Maske gehört zu den frühesten Gegenständen der Ozeanien-Sammlung in Berlin.

∨ **Umhang**

Australien, 19. Jh.
Opossum-Häute,
L 84 cm, B 75 cm
Sammlung von Guérard 1879
Inv.-Nr. VI 2580

Dieser äußerst seltene Umhang aus der Haut eines Opossums wurde von Eugene von Guérard erworben, der in den fünfziger Jahren des 19. Jahrhunderts nach Victoria gekommen war, um nach Gold zu suchen. Bald danach wurde er aber einer der bekanntesten Landschaftsmaler Australiens. Als die ersten Europäer in das südliche Australien kamen, fanden sie häufig diese Umhänge vor. Nur sehr wenige davon sind erhalten. Sie wurden von Männern und Frauen getragen. Häute von verschiedenen Tieren, im vorliegenden Fall von einem Opossum, wurden mit Knochennadeln zusammengenäht. Auf der Innenseite der Haut wurden Zeichnungen angebracht.

> **Taniwha Wounded but not Dead**

Robyn Kahukiwa, 1990
Öl/Alkydöl auf ungespannter Leinwand, 210 × 420 cm
Inv.-Nr. VI 57 214

Dieses Bild war Teil der Installation *Whare Hineteiwaiwa* für die Ausstellung *Mana Tiriti* in der City Art Gallery von Wellington. Hineteiwaiwa ist die Gottheit, die den Frauen die Kunst des Webens und Flechtens beigebracht hatte. Im Mittelpunkt des Gemäldes steht allerdings Taniwha, ein ›guter‹ Wassergeist, der die Gesamtheit der Maori repräsentiert. Seine Darstellung dominiert das Bild. Im Vordergrund finden sich eine geschnitzte Maori-Figur, die Tradition und Kultur repräsentiert, und die Gestalt einer modernen Maori-Frau, die in dem, wofür die geschnitzte Figur steht, Halt findet. Die Gegenwartskunst der Maori ist Teil der Maori-Renaissance, Ausdruck für die Suche nach einer eigenen Identität und damit auch ein Spiegel für die neuseeländi-

sche Gesellschaft insgesamt. Die heutige Kunst der Maori knüpft an die reiche Tradition der Vergangenheit an und verbindet sie mit anderen Kunsttraditionen. Robyn Kahukiwa gehört zu den bekanntesten Künstlerinnen unter den Maori von Neuseeland.

∧ **Kurdupanu und Kaluturrngu Tjukurrpa**

Toby Tjampijinpa Robertson, 1987/88, Yuendumu, Zentral-Australien gebrauchte Zeltleinwand, 285 × 185 cm
Inv.-Nr. VI 55 635

Das Bild ist in zwei Hälften gegliedert und stammt aus Yuendumu, 300 km nordwestlich von Alice Springs. Toby Tjampijinpa war wie viele seiner Generation als Viehtreiber tätig, bevor er sich in Yuendumu niederließ und mit der Malerei begann.
Auf der linken Seite des Bildes ist die Region Kurdupanu mit einer Wasserstelle dargestellt. Hier wird der Mythos von den zwei Frauen erzählt, die Wasser entstehen lassen. Sie sind durch Halbkreise angedeutet, um ein Wassergefäß, eine große ovale Holzschale, sitzend. Aus ihren

Achselhöhlen fließt das Wasser in die Schalen. Kreise deuten die Wasserstelle an, Linien die Wassergräben. Das Wasser fließt zu einem Akazienbaum, rechts und links im Bild angedeutet, dessen Samen die Frauen für die Nahrung mahlen. Die rechte Seite des Bildes zeigt Kaluturrngu, Vertiefungen im Fels, die hier in der Bildmitte durch konzentrische Kreise gezeigt werden. Die wellenförmigen Linien weisen auf die Pfade der Vorfahren hin, dort tanzen die Initianden. Die Älteren sind an den Halbkreisen zu erkennen, sie singen und sollen die Liebe der Frauen heraufbeschwören. Es wird also eine Initiationszeremonie angedeutet mit vier Kreisen als Wasserstellen, an denen diese Rituale stattfinden.

Sammlungsgeschichte

Bei den ältesten Objekten der Berliner Afrika-Sammlung handelt es sich um Salzgefäße aus Elfenbein, die in der Brandenburgisch-Preußischen Kunstkammer aufbewahrt wurden. Wann genau sie nach Berlin kamen, lässt sich heute nicht mehr feststellen. Geschnitzt in Westafrika, wurden sie seit dem Ende des 15. Jahrhunderts von den Portugiesen nach Europa gebracht.

Erst seit Anfang des 19. Jahrhunderts gibt es schriftliche Hinweise auf afrikanische Objekte in der Ethnographischen Abteilung der Kunstkammer.

In der zweiten Hälfte des 19. Jahrhunderts wuchs der Bestand langsam durch den Ankauf verschiedener Sammlungen, die auf Forschungsreisen angelegt wurden. Gefördert wurden diese Reisen unter anderem durch die Deutsche Gesellschaft zur Erforschung Aequatorial-Afrikas, die 1873 auf Anregung von Adolf Bastian gegründet wurde. Dadurch wuchs die Afrika-Sammlung bis 1884 auf etwa 7400 Stücke an. Besonders zu nennen sind hier die Sammlungen aus dem Kongo-Gebiet.

Die größte Zahl von Objekten kam allerdings während der Kolonialzeit in das Berliner Museum. Zwischen 1884 – dem Jahr der Berliner Konferenz, auf der Afrika unter den Kolonialmächten aufgeteilt wurde – und 1914 wuchs die Afrika-Sammlung auf über 55 000 Objekte an. Beamte und Militärs der deutschen Kolonialverwaltungen in Afrika waren angewiesen, Sammlungen für das Berliner Völkerkunde-Museum zusammenzustellen. Daneben beteiligte sich das Museum an der Finanzierung von gemeinsamen Sammelreisen außerhalb der deutschen Kolonialgebiete oder erwarb Sammlungen im europäischen Kunst- und Ethnographica-Handel. Als Beispiel sei hier nur auf die Ankäufe Felix von Luschans verwiesen, der seit 1905 Direktor der Afrikanisch-Ozeanischen Abteilung war. Von Luschan erwarb unter anderem auf Auktionen in London die Sammlung von Benin-Objekten, die heute zu den bedeutendsten und größten weltweit zählt.

In der Zeit zwischen den Weltkriegen war der Zuwachs geringer. Zu nennen ist hier allerdings die Sammlung, die Hermann Baumann 1930 für das Museum im Nordosten Angolas anlegte.

Während des Zweiten Weltkrieges verlor die Afrika-Sammlung nahezu ein Drittel ihrer Objekte. Über das Leipziger Museum für Völkerkunde, wohin diese Objekte von der Sowjetunion 1975 zurückgegeben wurden, erhielt das Berliner Museum nach der Wiedervereinigung den größten Teil der afrikanischen Sammlungen (ca. 25 000 Objekte) wieder zurück. Heute umfasst die

Afrika-Sammlung des Ethnologischen Museums knapp 75 000 Objekte: ca. 40 000 aus Westafrika, davon etwa 12 000 aus Kamerun und 6000 aus dem Kongo-Gebiet, ca. 20 000 aus Ostafrika, 5000 aus Südafrika, 5000 aus Nordostafrika und 3000 aus Nordafrika. Der weitaus größte Teil der Objekte befindet sich in der Studiensammlung. Nur 1360 Objekte sind in den beiden Afrika-Ausstellungen des Ethnologischen Museums für die Museumsbesucher zu sehen.

Afrika – Kunst und Kultur

Die 1999 eröffnete Ausstellung *Afrika – Kunst und Kultur* gibt einen Überblick über die traditionelle Kunst Afrikas und verdeutlicht zugleich den kulturgeschichtlichen Hintergrund der Objekte. In der Integration beider Aspekte unterscheidet sie sich von einer kulturgeschichtlichen, thematisch-erzählenden Ausstellung und einer reinen Kunstausstellung.

Sie zeigt die Highlights der weltbekannten Berliner Afrika-Sammlung mit ihren international bedeutenden Schwerpunkten wie Ife, Benin, Kameruner Grasland und dem Kongo-Gebiet. Die Breite der Sammlung erlaubt es aber auch, alle anderen wichtigen afrikanischen Kunststile südlich der Sahara mit herausragenden Beispielen vorzustellen.

Das Ethnologische Museum verfügt nicht nur über wertvolle Sammlungen aus dem 19. Jahrhundert und der Zeit vor dem ersten Weltkrieg. In der Ausstellung sind auch wichtige Neuerwerbungen aus den letzten 15 Jahren – teils aus dem Kunstmarkt, teils aus Forschungs- und Sammelreisen des Ethnologischen Museums – zu sehen.

> **Königshocker**
Guinea-Bissao,
Bidjogo,
frühes 20. Jh.
Holz, Eisen,
39,5×46, 5×21,5 cm
erworben 1993
Inv.-Nr. III C 45047

Der Hocker stammt von den Bidjogo, Bewohnern der Bissagos-Inseln vor der Küste Guinea-Bissaos. An den Seiten der breit geschwungenen Sitzfläche und am Fuß ist er mit menschlichen Figuren verziert. In vielen afrikanischen Kulturen sind mit menschlichen Motiven verzierte Hocker dem König vorbehalten. Bestätigen lässt sich dies auch für diesen Hocker durch ein Foto des Ethnologen Bernatzik, der in den dreißiger Jahren auf den Bissagos-Inseln eine umfangreiche Sammlung anlegte. Das Foto zeigt mit großer Wahrscheinlichkeit den vom Ethnologischen Museum 1993 gekauften Hocker im Haus der Königin Pampa Kanjimpa auf der Insel Orango.
Die Bidjogo haben eine bedeutende plastische Kunst mit einer starken Tendenz zur Abstraktion und zum Kubismus. Aber auch viele Gebrauchsgegenstände wie Löffel oder Schalen zeugen von den hohen gestalterischen Fähigkeiten der Bidjogo-Schnitzer.

V **Salzgefäß**

Sierra Leone, Sapi-portugiesisch, 15./16. Jh.
Elfenbein, H 27,4 cm
Brandenburgisch-Preußische Kunstkammer
Inv.-Nr. III C 4888 a, b

Wann genau dieses Salzgefäß in die Brandenburgisch-Preußische Kunstkammer kam, lässt sich heute nicht mehr rekonstruieren. Salzgefäße dieser Art wurden von den Portugiesen, die 1471 die Mündung des Nigers mit ihren Schiffen erreicht hatten, seit dem 15. Jahrhundert von Westafrika nach Europa importiert.
Hergestellt wurde das Gefäß für den europäischen Markt von einem afrikanischen Künstler im Königreich Sapi, im Gebiet des heutigen Sierra Leone. Geschnitzt aus dem in Europa hoch geschätzten Elfenbein verbindet es europäische und afrikanische Elemente: Seine Form und Funktion, aber auch einzelne Verzierungen wie die Perlenreihen entsprechen europäischem Geschmack und Bedürfnis. Die Menschen- und Tierdarstellungen an der Basis und die sich um die Mitte und um den Deckel des Gefäßes wickelnden Schlangen gehören zum lokalen Formenrepertoire der Künstler aus Sapi.
Das Salzgefäß ist ein Beispiel für die Kreativität westafrikanischer Schnitzer, nicht nur was die künstlerische Qualität betrifft, sondern auch hinsichtlich ihrer Flexibilität bei der Herstellung von Exportprodukten.

Zwischen Westafrika und dem Mittelmeerraum bestanden seit der Antike enge Handelskontakte. Das von den Römern eingeführte Kamel ermöglichte den Karawanenhandel durch die sich ausdehnende Sahara. Der Export von Gold, Elfenbein und Sklaven war die Grundlage der Macht und des Reichtums der Königreiche von Ghana und Mali im westafrikanischen Binnenland im Gebiet der heutigen Staaten Senegal und Mali. Mit dem

Auftreten portugiesischer Handelsschiffe im 15. Jahrhundert an der westafrikanischen Küste begann eine Verlagerung der Handelswege zwischen Westafrika, Europa und Amerika. Die Eroberung Amerikas durch die Europäer führte zu einer Ausweitung des Handels mit afrikanischen Sklaven in einem bisher nicht gekannten Ausmaß. Die Verlagerung des Handels von den Karawanen auf die europäischen Schiffe begünstigte die Königreiche der westafrikanischen Küstenländer.

^ **Oba Ewuakpe mit Gefolge**

Nigeria, Königreich Benin,
18. Jh.; Messing, H 58 cm
erworben von Eduard Schmidt
1898
Inv.-Nr. III C 8165

Die Figurengruppe stellt den König (Oba) Ewuakpe von Benin dar, der Ende des 17. Jahrhunderts regierte. Oba Ewuakpe trägt statt der Krone aus Korallenperlen einen europäisch anmutenden Hut. Anstelle der sonst üblichen hohen Würdenträger wird

er von zwei unbekleideten Sklaven begleitet. Im Gegensatz zu dieser bescheidenen Ausstattung des Königs stehen Symbole von Glück und Wohlstand auf dem Schurz und dem Stab in seiner rechten Hand.
Die Darstellung diente nicht nur der Präsentation des Königs, sondern erzählt indirekt auch seine Geschichte: Nach dem Tod seiner Mutter provozierte Ewuakpe durch Forderungen nach einer hohen Zahl von Menschenopfern einen Aufstand. Ohne die königlichen Insignien musste er Benin verlassen. Erst nach einiger Zeit der Armut gelangte er auf den Thron zurück. Die Widersprüchlichkeit in der Darstellung dieses Königs ist also ein Bild der wechselvollen Geschichte der Herrschaft Ewuakpes. Figurengruppen dieser Art wurden neben den bekannten Gedenkköpfen auf den Altären für verstorbene Könige aufgestellt.

Das Königreich Benin im heutigen Nigeria, später auch Dahomey und das Ashanti-Reich, wurde zwischen dem 15. und 19. Jahrhundert ein Zentrum des westafrikanischen Handels mit den Europäern. Benin exportierte unter anderem Sklaven und Elfenbein. Importiert wurde neben einer Reihe europäischer Produkte Messing, das Rohmaterial für die herausragenden Kunstwerke dieser Kultur.
Mit dem Ende des Sklavenhandels und dem wachsenden Interesse an territorialen Eroberungen im Kolonialismus des späten 19. Jahrhunderts war Benin als unabhängiger Handelspartner nicht mehr von Bedeutung. 1897 wurde die Hauptstadt von den Engländern erobert, zerstört und geplündert. Die aus dem Palast des Königs geraubten Kunstwerke aus Bronze und Elfenbein wurden in London versteigert. Der Berliner Ethnologe von Luschan erkannte als einer der Ersten den herausragenden künstlerischen Wert der Kunst Benins. Für das Museum für Völkerkunde in Berlin erwarb er um die Wende zum 20. Jahrhundert eine Benin-Sammlung, die zu den größten und qualitativ bedeutendsten weltweit gehört.

∧ **Menschlicher Kopf**

Nigeria, Königreich Benin, 15./16. Jh.; Messing, H 22 cm erworben von Eduard Schmidt 1898
Inv.-Nr. III C 8169

Der gerollte Kragen, den man nur bei weiblichen Figuren findet, weist darauf hin, dass es sich um den Gedenkkopf einer Königinmutter handelt.
Die Königsmutter spielte – wie in vielen anderen afrikanischen Königrei-

chen – auch im Königreich Benin eine wichtige Rolle. Bei allen Entscheidungen des Königs holte er ihren Rat ein. Sie verfügte über ihre eigene Residenz außerhalb der Stadt Benin. Wie den Königen wurde auch ihr nach dem Tod ein Gedenkschrein errichtet, auf dem Gedenkköpfe aufgestellt wurden. Diese sind nicht als individuelle Porträts der Verstorbenen zu betrachten, sondern als Idealbilder. Bemerkenswert an diesem Kopf ist der große Naturalismus, mit dem die Gesichtszüge gestaltet sind. Folgt man der These, dass Benin zu Beginn seiner künstlerischen Entwicklung vom naturalistischen Stil Ifes beeinflusst war, so könnte es sich hier um eine der ältesten Darstellungen einer Königsmutter aus dem 15. oder 16. Jahrhundert handeln.

↗ **Menschlicher Kopf**

Nigeria, Ife, 12.–15. Jh.
Terrakotta, H 17 cm
erworben von Leo Frobenius 1913
Inv.-Nr. III C 27526

Auffallend an diesem Kopf ist sein großer Naturalismus. Als Leo Frobenius ihn zusammen mit den anderen Keramik-Objekten der Berliner Sammlung 1910 in Ife in Nigeria ausgrub, entstand bald eine Diskussion über den Ursprung dieser Objekte. Viele Zeitgenossen Frobenius' wollten in ihrer kolonial-ideologischen Voreingenommenheit nicht glauben, dass naturalistische Kunstwerke dieser Qualität ihren Ursprung in Afrika haben sollten, und man versuchte Einflüsse der Kunst des Mittelmeerraums zu konstruieren. Nach einer Reihe von weiteren Funden weiß man heute, dass es sich um ein typisches Kunstwerk der Kultur von Ife aus dem 12.–15. Jahrhundert handelt. Köpfe aus Keramik und Bronze weisen den gleichen Naturalismus auf.
Dargestellt sind Könige von Ife oder Personen aus ihrem unmittelbaren Umfeld. Es handelt sich allerdings nicht um individuelle Porträts, sondern um idealisierte Bilder. Die Stadt Ife war das wichtigste kulturelle und religiöse Zentrum der Yoruba im Südwesten Nigerias. Ihr politischer und künstlerischer Einfluss ist auch in dem seit dem 15. Jahrhundert an Bedeutung gewinnenden Königreich von Benin zu erkennen.
Mit der Entdeckung der Kunst von Ife und der ihr vorausgehenden Kunst der Nok-Kultur lässt sich für das Gebiet des heutigen Nigerias eine 2000-jährige künstlerische Entwicklung verfolgen. Voraussetzung war die Verwendung dauerhafter Materialien – wie Keramik und Messing – im Gegensatz zu Holz, das in den

meisten Kulturen Afrikas das wichtigste Material für die Arbeit von Künstlern war, das aber aufgrund des Klimas nur kurze Zeit überdauert. Daraus lässt sich jedoch nicht schließen, dass in diesen Kulturen eine vergleichbar lange künstlerische und geschichtliche Entwicklung nicht existiert hat.

> **Weibliche Figur**

Nigeria, Königreich Benin,
17./18. Jh.; Messing, H 48 cm
erworben von Hans Meyer 1900
Inv.-Nr. III C 10864

Obwohl stilistisch ungewöhnlich wird diese Figur vor allem aufgrund des Musters am Sockel dem Königreich Benin zugeordnet. Die Gestaltung des Körpers, des Gesichts, der Frisur und des Schmucks folgt einer strengen Symmetrie, die jedoch durch die in unterschiedlicher Höhe gehaltenen Arme abgemildert wird. Manche Forscher sehen in dieser Figur eine Darstellung der Prinzessin Edeleyo, einer Tochter des Benin-Königs Ewuare aus dem 15. Jahrhundert. Nachdem man ihren älteren Bruder, einen tyrannischen Herrscher, mit einem vergifteten Pfeil umgebracht hatte, wurde Edeleyo zur Thronfolgerin bestimmt. Bevor sie gekrönt werden konnte, erkrankte sie jedoch und starb. In Benin sah man darin den Grund, in Zukunft Frauen von der Thronfolge auszuschließen. Der Pfeil mit dem Schlangenmotiv am Sockel der Statue wird als der Giftpfeil interpretiert, mit dem Edeleyos Bruder ermordet wurde.

> **Hauspfosten**

Nigeria, Yoruba,
frühes 20. Jh.; Holz, H 144 cm
erworben von Leo Frobenius, 1912
Inv.-Nr. III C 27410

Der Hauspfosten stammt aus dem Palast eines Herrschers oder Häuptlings der Yoruba des Ekiti-Gebietes in Nigeria. Er besteht aus zwei übereinander gestellten menschlichen Figuren: einer Frau und einem Reiter. Die Frau kniet und hat die Hände erhoben, als trage sie eine Schüssel auf dem Kopf. Diese Darstellung erinnert an die Trägerin eines Zaubergefäßes, ein Symbol der Kraft, auf der die Macht des männlichen Reiters beruht. Der Reiter ist ein Symbol der Macht des Königs oder Häuptlings.

Bei dem Hauspfosten handelt es sich also um ein Bild der politischen Macht eines Herrschers und ihres Ursprungs in der Kraft der Frau. Die künstlerische Gestaltung betont die Rolle des Herrschers, er ist vergleichsweise sehr viel größer dargestellt als die kniende Frau.
Im Gegensatz zu vielen anderen Kunstwerken aus Afrika ist der Name des Künstlers, der den Pfosten geschnitzt hat, bekannt: Es handelt sich um Obembe, einen Häuptling aus Efon-Alaye, der 1939 gestorben ist.

≫ Zwei menschliche Figuren

Kamerun, Kom, 19. Jh.
Holz, Kupfer
erworben von Hans Caspar Gans Edler Herr zu Putlitz 1906
Männliche Figur: H 190 cm
Inv.-Nr. III C 20681
Weibliche Figur: H 185 cm
Inv.-Nr. III C 20682

Die beiden lebensgroßen Figuren stammen aus Kom, einem der vielen Königtümer des Kameruner Graslandes. Sie stellen den König und seine erste Frau oder die Königsmutter dar. Es handelt sich jedoch nicht um Bilder konkreter Personen oder königlicher Ahnen, sondern um Idealbilder des Königs und seiner Angehörigen. Der König hält ein Trinkhorn in der Hand, die weibliche Person einen Stab. Die beiden Hocker vor ihren Füßen werden von Büffeln beziehungsweise Büffelköpfen getragen. Die Verwendung dieses Tiermotivs und die mit Kupferblech verkleideten Gesichter unterstreichen den königlichen Charakter dieser Figuren, genauso wie die – nicht mehr vorhandenen – Glasperlen, mit denen die Körper ursprünglich überzogen waren.
Königliche Figuren gehören zu den bedeutendsten Kultobjekten in vielen Königreichen des Kameruner Graslandes. In Kom spielen sie eine wichtige Rolle bei der Inthronisation des neuen Königs. Sie sind Bilder seiner Macht und seiner Legitimität.
Beide Figuren sollen von König Yu oder seiner Werkstatt hergestellt worden sein. Yu (1865–1912) gilt nicht nur als politisch bedeutsamer

König von Kom, sondern war zugleich ein hoch angesehener Künstler. Das Grasland im Zentrum Kameruns bestand seit über 200 Jahren aus mehreren Hundert unabhängigen Königreichen, die kulturell verwandt, aber politisch unabhängig waren. Die Macht des Königs wurde ausgeglichen und kontrolliert von Bünden, in denen sich die Oberhäupter der Großfamilien organisierten. Die Kunst dieser Königreiche war vor allem höfische Kunst, die der Repräsentation des Königs und der einflussreichen Oberhäupter der Verwandtschaftsgruppen diente.

> **Königsthron mandu yenu**

Kamerun, Bamum, 19. Jh.
Holz, Glas, Kaurischnecken
Stoff, H 175 cm
Geschenk von König Njoya
an Kaiser Wilhelm II 1908
Inv.-Nr. III C 33341

Dieser Thron, der für den König Nsangu von Bamum im 19. Jahrhundert hergestellt wurde, ist einer der bedeutendsten Objekte der Berliner Kamerun-Sammlung. Das Königreich Bamum spielte unter seinem König Njoya eine wichtige Rolle während der deutschen Kolonialzeit. Njoya unterstrich die besonderen Beziehungen zur Kolonialmacht, indem er diesen Thron seines Vorgängers 1908 als Geschenk an seinen »Amtskollegen« Kaiser Wilhelm II. schickte. Der Thron ist aus Holz geschnitzt und mit Stoff überzogen. Der Stoff ist auf der gesamten Fläche mit Kaurischnecken und Glasperlen bestickt. Die beiden menschlichen Figuren an der Sitzfläche stellen Zwillinge dar, denen man in vielen Kulturen Afrikas eine besondere Macht und übernatürliche Kraft nachsagte. Die Darstellung von Menschen an der Fußbank, die Schlangen, die die Sitzfläche tragen, und die reiche Verwendung von Glasperlen zeigen, dass es sich um einen königlichen Thron handelt. Glasperlen, die seit der Antike aus dem Mittelmeerraum, später auch aus Böhmen nach Afrika exportiert wurden, waren in Kamerun königlichen Insignien vorbehalten. Ihre Wertschätzung basiert auf der relativen Seltenheit dieses Importproduktes, aber auch auf der Dauerhaftigkeit ihrer leuchtenden Farben.

» **Reliquiarfigur**

Äquatorialguinea, Kamerun,
Ngumba oder Fang, 19. Jh.
Holz, Federn, Eisen, Messing,
Glas, H 62 cm
erworben von G. Zenker 1897
Inv.-Nr. III C 6689 b

Diese Figur aus hellbraunem Holz kam 1897 in das Berliner Museum. Trotz ihres hohen Alters ist sie ungewöhnlich gut erhalten. Sie trägt einen großen Federschmuck aus Perlhuhn- und Tukanfedern, auf der Stirn einen großen europäischen Knopf, eine Kette aus Glasperlen und Messingmanschetten an Hand- und Fußgelenken. In der Hand hält sie ein Medizinhorn; die gleiche Funktion dürften die beiden Antilopenhörner an ihren Handgelenken haben.

Figuren dieser Art gehörten zu Behältnissen, in denen die Fang, Ngumba und Kota in den Urwaldgebieten des südlichen Kameruns und des angrenzenden Äquatorialguineas Gebeine und Schädelknochen von Ahnen aufbewahrten. Ihre Funktion war die Bewachung der Ahnenreliquien und die Abwehr feindlicher Einwirkungen. Zu bestimmten Anlässen, wie etwa der Initiation der jungen Männer,

∨ **Zauberfigur nkondi tatu**

Republik Kongo, Demokratische Republik Kongo, Yombe, 19. Jh.; Holz, Eisen, Keramik, rote und weiße Farbspuren, H 117 cm
erworben von Robert Visser 1904
Inv.-Nr. III C 17114

Die Figur drückt in Körperhaltung und Mimik Macht und Abschreckung aus. Die Gestaltung der Figur ist aber lediglich ein Bild ihrer Kraft. Die aufgerissenen Augen wehren negative Einflüsse ab, die in die Hüfte gestemmten Arme zeigen, dass sie sich schützend zwischen den Hilfesuchenden und die drohende Gefahr stellt. Ihre wirkliche Macht ist aber Ergebnis einer »Ladung« mit einer Zaubermedizin,

wurden sie aus dem Schrein, in dem sie aufbewahrt wurden, hervorgeholt und namentlich den Initianden vorgestellt.
Die Verehrung der Ahnen hat in vielen afrikanischen Kulturen eine große Bedeutung: Wissen und Erfahrungen wurden in den Familienverbänden von Generation zu Generation weitergegeben. Das Leben der einzelnen Menschen war nur in diesem kulturellen und sozialen Zusammenhang denkbar. Dem entsprach die Vorstellung von der Verbundenheit aller Generationen. Die Verstorbenen, die Ahnen, wachten über das Wohlergehen der Lebenden und erwarteten zugleich die Einhaltung kultureller und gesellschaftlicher Regeln.

die in dem – hier leeren – runden Behältnis am Bauch der Figur verschlossen wurde. Während die Figur von einem Schnitzer angefertigt wurde, war die »Ladung«, die Verbindung der Figur mit einer Kraft oder einem Geist dem *nganga*, dem »Medizinmann«, vorbehalten. Je nach Funktion der Zauberfigur mischte der *nganga* eine Reihe von verschieden wirkkräftigen Substanzen wie Knochen, Holzstücke, Federn, Metallteile, Erde und verschiedene Pflanzen und verschloss sie in dem runden Behältnis. Große Zauberfiguren, die mit Metallteilen und Nägeln gespickt sind, dienten dem Schutz eines Dorfes vor bösen Einflüssen, vor allem vor Hexen, und sollten zugleich die positiven Kräfte stärken. Nägel und Metallteile wurden in die Figur geschlagen, um einen Vertrag oder einen Schwur zu bekräftigen. Man stellte den Vertrag damit unter den Schutz der Zauberfigur und lieferte sich bei Vertragsbruch seiner Furcht erregenden Macht aus.
Zauberfiguren mit den verschiedensten Wirkungen findet man bei den Yombe, Vili und Kongo im Gebiet der Kongomündung.

↗ **Königsfigur Chibinda Ilunga**

Angola, Chokwe, 19. Jh.
Holz, Baumwollgewebe, Haare, Pflanzenfasern, Glasperle, H 39 cm
erworben von Otto H. Schütt 1880
Inv.-Nr. III C 1255

Chibinda Ilunga, ein legendärer Jäger und Kulturheros, gilt als Gründer der Lunda-Dynastie, die bis ins 19. Jahrhundert regierte. Auf diese Dynastie führen sich verschiedene Königtümer der Chokwe zurück. Figuren Chibinda Ilungas wurden an den Höfen der Chokwe-Könige aufbewahrt.
Chibinda Ilunga trägt die typische Kopfbedeckung eines Prinzen. Gewehr, Patronentasche und Messer kennzeichnen ihn als Jäger. Stab, Schildkrötenpanzer und Antilopenhorn dienen dem Jagdglück.
Die Berliner Figur zählt zu den bedeutendsten und bekanntesten Werken der afrikanischen Kunst. Sie wurde wahrscheinlich vor 1850 geschnitzt. Der deutsche Forschungsreisende Otto von Schütt erwarb sie 1880 von einem Chokwe-Händler. 1882 kam sie ins damalige Museum für Völkerkunde in Berlin. Bekannt sind heute etwa ein Dutzend Figuren Chibinda Ilungas in europäischen und amerikanischen Museen.

∧ **Maske pwo oder mwana pwo**

Angola, Chokwe, 19. Jh.
rotbraunes Holz, Glasperlen, Pflanzenfasern, roter Lehm, Tierhaar, Metall, Messingnägel, H 16 cm; erworben 1992
Inv.-Nr. III C 45043

Die Maske *pwo* (Frau) oder *mwana pwo* (Mädchen) verkörpert die erste Ahnin der Chokwe. In der Ausstellung wird in der Gruppe der Chokwe-Initiationsmasken eine zweite *pwo*-Maske gezeigt. Der Vergleich beider Masken macht die unterschiedliche künstlerische Qualität deutlich: Der Künstler der hier abgebildeten Maske hat das Gesicht mit den Schmucknarben nicht nur nach dem Schönheitsideal der Chokwe gestaltet. Die geschlossenen Augen und der leicht schmollende Mund geben ihr zudem einen lächelnden und zugleich rätselhaften Ausdruck.

Die Maske wurde von einem männlichen Tänzer getanzt, der mit ihr in einer besonderen Beziehung stand: Der Schnitzer erhielt von dem Tänzer, der die Maske in Auftrag gab, einen Messingring als symbolischen Brautpreis. Als Ergänzung seiner wertvollen Sammlungen aus dem 19. Jahrhundert konnte das Ethnologische Museum diese Maske 1992 aus dem Kunsthandel erwerben.

↘ **Männliche Figur, Leopardenhäuptling**

Luluwa, Demokratische Republik Kongo; Holz, H 74 cm
Sammlung Hermann von Wissmann, erworben 1886
Inv.-Nr. III C 3246

Größte Sorgfalt hat der Künstler auf die Wiedergabe von Kopf, Gesichtszügen und Attributen der Figur verwendet: üppige Schmucknarben, kompliziert geflochtene Haar- und Barttracht, reiches Perlenhalsband, Schild und Zeremonialschwert sowie ein Schurz aus Leopardenfell als wichtigste Insignie. Der Körper ist dagegen eher vereinfacht. Der Kontrast zeigt eindeutig, dass bei der Konzeptualisierung der Person der Akzent einerseits auf der ruhigen Kraft lag, die die Gesichtszüge ausstrahlen, andererseits auf den Insignien und Statussymbolen als materieller Erweiterung des Selbst. Diese seltene, große männliche Skulptur stellt einen Häuptling dar, der die höchste Initiationsstufe in der Rangordnung der Luluwa-Häuptlinge erreicht hatte, die eines *nkashaama* (Leopard). Man glaubte, dass ihm durch das Einführungsritual in das Amt die Kräfte dieses Raubtieres verliehen wurden oder sogar, dass er sich in einen Leoparden verwandeln könne. Solche Figuren wurden in einem Ritual verwendet, das die Lebenskraft von Häuptling, Volk und den Schutz der Ahnen gewährleisten sollte.

Weibliche Ahnenfigur

Demokratische Republik Kongo oder Zambia, Tabwa, 2. Hälfte 19. Jh.; Holz, Eisen, Pflanzenfasern, H 50 cm Sammlung Paul Reichard erworben 1886
Inv.-Nr. III E 1881

Die Figur zeichnet sich durch eine ausgewogene, symmetrische Gestaltung aus. Die Proportionen – langgestreckter Oberkörper und gedrungene Beine – und die radial geformte Frisur sind typische Merkmale der Ahnenfiguren der Tabwa. Sie steht auf einem Hocker, der darauf hinweist, dass es sich hier um eine Ahnfrau hohen Ranges handelt. Charakteristisch ist die Hervorhebung des Nabels durch die Hände als Zeichen der Verbindung zur eigenen Mutter und allen vorangegangenen weiblichen Vorfahren. Unterhalb des Nabels ist eine Kordel aus Pflanzenfasern befestigt, die nur knapp die betonten Genitalien verhüllt. Sie sind ein Ausdruck der Fruchtbarkeit. Auf dem Rücken der Figur ist eine doppelte vertikale Linie zu sehen, die auf die Skarifikationsmuster der Tabwa-Frauen hinweist. Solche Muster symbolisierten das kosmische und gesellschaftliche Gleichgewicht.

V **Gesichtsmaske ndimbu**

Tansania, Makonde, 19. Jh.
Holz, Haar, Bast, H 21,6 cm
erworben von Bernhard Perrot
1907
Inv.-Nr. III E 12223

Die rot gefärbte Maske trat mit einer Reihe anderer Masken beim Abschluss der Initiationsfeiern auf.

Während der Initiation – dem Übergang vom Jugendlichen zum Erwachsenen – werden die Jungen beschnitten und auf ihre zukünftige Rolle als Ehemänner und Väter vorbereitet. Der Auftritt der Masken ist mit einem Schauspiel vergleichbar, in dem wichtige Szenen aus der Geschichte und dem Alltag der Makonde erzählt werden. Bei der abgebildeten Maske soll es sich um Wali Hamud handeln, einen Vertreter des Sultans von Sansibar in Lindi vor der Eroberung durch die Deutschen. Stilistisch handelt es sich um eine Maske der Makonde, die in Südtansania und Nordmozambique leben. Unmittelbar vor und während der Kolonialzeit kam es zu großen Bevölkerungsbewegungen in diesem Raum. Daraus mag sich erklären, dass die Maske nach den Unterlagen des Museums von den Mwera stammt, die im Makonde-Gebiet siedelten, aber keine Initiationsmasken hatten. Wahrscheinlich wurde sie dort erworben, stammt aber ursprünglich von den Makonde.

Kulturen Nord- und Westafrikas

Die Ausstellung gibt einen Überblick über verschiedene Lebensbereiche einzelner Kulturen Nordafrikas, des westlichen Sudans und der Küstenländer Westafrikas.
Die ausgestellten Objekte stammen aus dem 19. Jahrhundert und der deutschen Kolonialzeit bis zum Ersten Weltkrieg. Sie geben damit einen Eindruck dieser Kulturen vor deren Veränderung durch die Folgen der Kolonialpolitik.
Ein besonderer Teil dieses Bereiches ist die umfangreiche Präsentation der Berliner Benin-Sammlung.

∧ **Vier Fingerringe mit verschiedenen Motiven**

Asante, Ghana, 20. Jh.
Gold, H 6,5 cm; *Inv.-Nr. III C 41359*
Sammlung Sikorski, erworben 1968
Länge 6,3 cm; *Inv.-Nr. III C 41361*
Länge 5 cm; *Inv.-Nr. III C 41362*
Länge 4 cm; *Inv.-Nr. III C 41363*
Sammlung Brigitte Menzel, erworben 1968

Goldschmuck der Asante

Die vier Fingerringe sind mit gegenständlichen Motiven verziert. Die Spitzen des ersten Ringes, die wie Stacheln wirken, ahmen die Form der Betene-Palme nach. Zwei Ringe sind mit einem Schlammfisch verziert. Diese stehen unter anderem als Bild für die Integration in die Gesellschaft und die Verantwortung des Einzelnen gegenüber ihr. Zugleich assoziiert man mit dem Bild dieses Fisches eine Reihe von Sprichwörtern, die sich auf ihn beziehen: »Was der Schlammfisch verschlingt, ist zum Nutzen seines Meisters.« Auch der Skorpion an dem vierten Ring wird mit einer Reihe von Sprichwörtern verbunden, die sich auf verschiedene Bereiche der Asante-Gesellschaft beziehen: »Wenn man den Unmut des Herrschers erregt, bekommt man das lange zu spüren«, oder: »Wenn der braune Skorpion das Kind einer Mutter sticht, dauert der Schmerz, bis der Herd kalt ist«. Goldschmuck in verschwenderischem Umfang gehörte zu den Insignien des Königs, aber auch der Hofstaat trug reichen Schmuck aus Gold. Selbst der Henker, so berichtet ein englischer Reisender vom Anfang des 19. Jahrhunderts, trug ein massives Beil aus Gold auf seiner Brust. Die meisten Schmuckstücke sind in *verlorener Form* gegossen, dem Wachsausschmelzverfahren. Gold wird in Westafrika seit Jahrhunderten abgebaut. Der größte Teil wurde in den Mittelmeerraum und nach Europa exportiert. Auf einer Karte aus dem 14. Jahrhundert ist in Westafrika der König von Mali, Muansa Mussa, abgebildet, der berühmt für seinen unvorstellbaren Reichtum an Gold war. Der Goldhandel verschob sich seit dem Ende des 15. Jahrhunderts durch das Auftreten der Europäer als Seehändler von den zentralen westafrikanischen Reichen zur Küste. Das heutige Ghana erhielt damals den Namen Goldküste. Eines der Reiche in dieser Region, die vom Handel mit den Europäern profitierten, war das Asante-Reich, das in der ersten Hälfte des 18. Jahrhunderts seinen Aufstieg erlebte.

trug die Berberin erstmals ihren Schmuck, denn jungen Mädchen war nur das Tragen von Ohrringen erlaubt. Die verheiratete Frau zeigte sich bei allen religiösen und familiären Festen mit ihrem Schmuck. Er repräsentierte das Kapital der Familie und war ihre Alterssicherung, falls die Ehe zerbrach. Im Zellenschmelz-Verfahren (*Cloisonné*) bringen die Silberschmiede blaue und grüne Emaille (*nnil)* zur Geltung. Das Emaillieren ist im Mittelmeerraum (Zypern und Kreta) seit 4000 Jahren bekannt. Zentren dieser Technik in Nordafrika sind Moknine/Tunesien, der zentrale Atlas sowie Südmarokko. Karneole und Korallen schmücken die Zierplatten der Diademe.

∧ **Diadem ta sabt**

Algerien, Beni Yenni
Silber, Zellenschmelz-Emaille, blau und grün, falsche Korallen,
B ca. 52 cm
Inv.-Nr. III B 2725

Die algerischen Berber sind als gute Silberschmiede bekannt. Der gesamte Schmuck im zentralen Atlas-Gebirge soll in fünf Dörfern der Beni Yenni hergestellt worden sein. Zur Hochzeit

↗ **Öl-Lampe, Imesbah**

Algerien, Berber, vor 1882
handmodellierte Keramik, bemalt,
H 45,8 cm
Inv.-Nr. III B 285

Die Öllampe ist das Symbol des Mannes. Solche außergewöhnlich großen Leuchter mit 21 Köpfen waren nur im zentralen Atlas in Algerien üblich. Sie brannten ausschließlich aus rituellem Anlass bei Hochzeiten, der

Geburt eines Jungen oder beim *Ashura*-Fest, einem Tag der Erinnerung an den Tag, als Noah die Arche verließ.
Die Keramik der Berber, in Wulsttechnik aufgebaut, wurde von den Frauen für den Eigenbedarf hergestellt, in neuerer Zeit wird auch für den Verkauf an Touristen produziert. Mädchen lernten das Töpfern von ihrer Mutter, mussten aber später die Formen und die Musterung der Familie ihres Mannes übernehmen. Mit dem Pinsel und Farbe aus schwarzen und roten Mineralien wurden die Ornamente aufgetragen. Nach dem Brennen im offenen Feldbrand erhielten die bemalten Flächen einen Firnisüberzug, der aus dem gelblich gefärbten Harz des Wacholderbaumes oder der Zypresse hergestellt wurde. Im Töpferhandwerk der Männer kommt zusätzlich die Töpferscheibe zum Einsatz. Ihre Produkte sind für den Markt bestimmt.

Zeitgenössische Kunst aus Afrika

In den Sammlungen der Afrika-Abteilung findet sich kaum zeitgenössische Kunst aus Afrika. Als Dauerleihgabe zeigt das Ethnologische Museum ein wichtiges Werk eines zeitgenössischen Künstlers aus Angola. Der Angolaner Antonio Ole gehört seit Jahren zu den herausragenden, international bedeutenden Künstlern des afrikanischen Kontinents. Seine auf einer großen Zahl internationaler Ausstellungen gezeigten Arbeiten umfassen ein breites Spektrum: Malerei, Plastik, Installation, Fotografie und Film.
Die *township wall* ist ein Schlüsselwerk, in dem António Ole die Erfahrung von Jahrzehnten des Bürgerkrieges und der Gewalt und der sich daraus ergebenden Lebensbedingungen der Menschen in Angola verdichtet. Die Arbeit an

der *township wall* vergleicht António Ole mit einem Akt des Exorzismus, durch den er sich von diesen Erfahrungen befreit und sie zugleich durch ihre Verdinglichung als Kunstwerk zum Gegenstand eines kommunikativen Prozesses mit dem Publikum macht.

∨ **António Ole, township wall – Margem da Zona Limite**
Angola, 2002

Oles Arbeit ist aber nicht nur als politisches Werk, als Anprangerung politischer Verhältnisse zu verstehen, wie die englische Bezeichnung »township wall« nahe legt.
Der portugiesische Titel der Installation *Margem da Zona Limite* (wörtlich etwa: Grenze zur verbotenen Zone) eröffnet ein breiteres Assoziationsfeld – bis hin zur »verbotenen Zone« in Tarkovskis Film »Stalker«.

Ost- und Nordasien

Die Sammlung verfügt seit 1978 über rund 600 m² Ausstellungsfläche im zweiten Obergeschoss des Altbaus (Bruno-Paul-Bau). Im vorderen Bereich wird zur Zeit japanische Volkskunst aus der Schenkung Hannelore Großmann gezeigt.

Die Geschichte der Abteilung Ostasien reicht in ihren Wurzeln bis zum Beginn des 17. Jahrhunderts zurück. Die Bestände des »Ethnographischen Cabinets« der Kunstkammer wurden vom 1873 gegründeten Berliner »Museum für Völkerkunde« übernommen. Teile davon waren bereits seit 1856 im Neuen Museum ausgestellt.

Ostasiatika zum Thema Ackerbau und Handwerk wurden im Museum in der Stresemannstraße seit 1886 und in erweitertem Umfang, einschließlich der Bereiche Buddhismus, Daoismus, Schamanentum und Shintō, seit 1921 bis zur kriegsbedingten Schließung des Museums im Jahre 1945 gezeigt.

Im Zweiten Weltkrieg erlitt die Sammlung schwere Verluste: Etwa 60 % des Bestandes (knapp 24 000 Objekte) gingen durch Kriegs- und Nachkriegseinwirkungen verloren. Von den über 40 000 Ostasiatika blieben zunächst nur knapp 20 000 übrig, nachdem die so genannte Trophäenkommission der Roten Armee 1945/46 eine Vielzahl von Berliner Sammlungen als Kriegsbeute hatte abtransportieren lassen. Zurückgekehrt sind davon bis heute aus der Sammlung lediglich rund 2000 Stücke.

Seit 1955 wurde die Sammlung des Museums verstärkt ausgebaut. Vor allem Zeugnisse der städtischen und ländlichen Alltagskultur aus der Zeit zwischen 1900 und 1990 wurden erworben. Darunter befinden sich Kleinode der Volkskunst, ferner Keramiken, Textilien und handwerkliches Arbeitsgerät. Im Zuge der Wiedervereinigung konnte das Museum alte Bestände zurückführen, die in Leipzig seit einer Rückführung aus der damaligen Sowjetunion 1977 zwischengelagert waren. Außerdem wurden die rund 3000 Objekte zählenden völkerkundlichen Bestände aus der Ostasiatischen Sammlung (1951–1991 im Pergamonmuseum untergebracht) übernommen.

Die Sammlungen

Heute umfassen die Bestände etwa 45 000 Objekte aus fast allen Lebensbereichen mit dem zeitlichen Schwerpunkt vom 16. Jahrhundert bis in die Gegenwart, d.h. Jagd-, Fischfang- und Ackergerät, Werkzeug, Gebrauchskeramik, handwerkliche Geräte und Militaria. Hinzu kommen Gegenstände aus dem kultischen Bereich, darunter Opfergaben (Japan, Taiwan) und eine Sammlung von 500 Votivtafeln (Schenkung Großmann). 1993 konnte eine umfängliche Sammlung chinesischer Medizinobjekte erworben werden.

Vom einstigen Bestand einer japanischen Tonscherben-Sammlung und weniger Bronzen (Yayoi bis Kofun, ursprünglich 600 Objekte) sind nur etwa 20% vorhanden. Es handelt sich um bisher nicht bearbeitete Funde aus dem Nachlass Erwin von Baelz (1913). Baelz hatte sie aus einer Grabung in Tokyo 1888 erworben. Zwei hanzeitliche Grabplatten mit Alltagsszenen gehören seit ihrer Erwerbung im Jahre 1904 zu den hervorragenden Objekten des archäologischen Teils der Sammlung.

Die Militaria (darunter Rüstungen, Sättel, Bögen und Pfeile, Lanzen) stammen aus den frühen Sammlungen des Museums. Eine Bearbeitung der jüngsten Zeit hat ergeben, dass weitere Objekte dieser Sachgruppe aus dem Vorbesitz der Familie Siebold kommen.

Eine reichhaltige Sammlung von Beispielen des chinesischen Landbaus ist ausgestellt. Sie geht auf Erwerbungen durch die langjährigen Kustoden Ferdinand Lessing und Brunhild Körner zurück. Textilien, Keramiken, Lackarbeiten, Schnitzereien, Bronzegefäße, Schreibgeräte, Werkzeug, Flechtarbeiten und Möbel bilden die Sammlung von Alltagsgegenständen. Sie wird durch eine komplette Papierschöpfanlage und eine Sammlung von Scherenschnitten und Papieren (Schenkungen von Martin Ramming, 1939, und von Hannelore Großmann, 1999) ergänzt. Ferner sind über 500 Festtagspuppen (Schenkung aus Japan, 1932–1937) vorhanden.

Kultgeräte im engen Sinne aus den Bereichen des Buddhismus und Daoismus sind im großen Umfang erworben worden, so durch die am Museum tätigen Sinologen Wilhelm Grube, Friedrich W. K. Müller, Herbert Müller, bereichert durch Ankäufe und Schenkungen sowie aus den Privatsammlungen der Japanologen Karl Florenz und Wilhelm Gundert. Während einer Ankaufsreise erwarb Adolf Fischer (1904–1906) mit Mitteln des Dispositionsfonds Kaiser Wilhelm II. und im Auftrag des Museums chinesische und japanische Bildhauerarbeiten. Chinesische Kultplastik ist überdies durch Werke aus dem Nachlass Paul Wegeners und durch weitere frühe Erwerbungen in der Ausstellung vertreten.

Alltagsleben und Gewerbe

Aus diesem Bereich bewahrt das Museum vor allem Gegenstände der häuslichen Einrichtung und des Kleingewerbes. Ausgestellt sind die Einrichtung einer chinesischen Küche sowie die weitere Wohnungseinrichtung der städtischen Kultur Chinas des frühen 20. Jahrhunderts.

In den letzten Jahren erfuhr die Sammlung eine wesentliche Erweiterung mit der Schenkung von ca. 2500 Gegenständen japanischer Volkskunst. Sie stammen aus nahezu allen 47 Präfekturen und fast ausschließlich aus der Zeit zwischen 1963 und 1993 (Schenkung Hannelore Großmann, 1999). Sie ergänzt auf ausgedehnte Weise den vorhandenen Bestand an Objekten, die wir aus unterschiedlichen Quellen seit der Meiji-Zeit erwerben konnten.

Theaterfigurinen und Schattenspiel

Ausgestellt ist neben dem originalgetreuen Nachbau einer Bühne eine Reihe von Figuren und Figurinen zur mündlich und schriftlich überlieferten städtischen und dörflichen Tradition aus dem Bereich der darstellenden Kunst. Die Statistik der Sammlungsbearbeitung und -erweiterung, die in den vergangenen 10 Jahren zu ca. 60% mittels PC-Erfassung erfolgt ist, zeigt aber auch, dass kleine Erwerbungen und Veröffentlichungen, selbst Gastausstellungen häufig Anstoß gegeben haben, den lückenhaften alten Bestand wieder mehr zu beachten.

Parallel zu dieser ethnologisch-kulturkundlichen Sammlungsausrichtung wurde bereits seit Bestehen des Museums nicht nur auf eine Objektfotokartei, sondern auch auf ethnografische Fotografie als eigenem Sammlungsteil großer Wert gelegt. Die bislang letzte Erwerbung stammt aus dem Jahre 2000. Es handelt sich um das Reisetagebuch und 179 Fotos von einer Ostasienreise Hans Adalbert von Stockhausens aus dem Jahre 1902.

Dokumentiert werden somit Teile der traditionellen, materiellen Kultur bis zur Wende zum 21. Jahrhundert, allerdings nicht durchgängig in allen Bereichen. Lückenfüllende Ergänzungen kamen durch Ankäufe aus China, Korea und Japan zustande. Neuzugänge wie die Sammlung von 96 Medizindosen (Schenkung Heinz E. Müller-Dietz, 1998) und eine umfangreiche volkskundliche Sammlung Japans (Schenkung Hannelore Großmann, 1999, 2500 Inv.-Nrn.) aus der Zeit zwischen 1960 und 1993 haben die Sammlung wesentlich erweitert.

Sonderausstellungen wie *Wege der Menschen und Götter. Religionen im Alten China* (1989) sowie *Zen und die Kultur Japans. Klosteralltag in Kyôto* (1993) prägten in Auswahl auch die Räume der Dauerausstellung im Obergeschoss des Bruno-Paul-Baus.

Ausgebaut werden konnten im vergangenen Jahrzehnt dank der Zusammenarbeit mit mehreren in Japan tätigen Wissenschaftlern und Sammlern z.B. die Bereiche zur Zen-Kultur, Wohnraumausstattung, zum Thema Reisen innerhalb Japans und zur Festtagskultur (*matsuri* und *kyōdo gangu*). Sonderausstellungen zu Themen wie *Zen und die Kultur Japans. Klosteralltag in Kyôto* (gemeinsam erarbeitet von deutschen Japanologen und Verantwortlichen des Tenryūji, Kyôto) ersetzen die bislang fehlende Dauerausstellung ausgewählter Japanbestände. Im Zuge dieser Zusammenarbeit wurden wertvolle, die Sammlung ergänzende Objekte zum Thema der Ausstellung erworben, darunter ein von japanischen Handwerkern hergestellter Nachbau einer Meditationshalle. Sie soll in die neue Ausstellung einbezogen werden.

Eine besondere kulturgeschichtliche Kostbarkeit stellt die über 600 Nummern zählende Ainu-Sammlung dar – eine der größten außerhalb Japans. Von ähnlichem Rang sind die Bestände der südjapanischen Inselgruppe Okinawa, heute leider nur noch 161 Objekte aus einem Ankauf von ursprünglich rund 500 im Jahre 1884.

∧ **Neujahrslampe aus Ochsenhorn**

China, 19. Jh.
Ochsenhorn, H 56 cm, B 20 cm
Inv.-Nr. I D 35 287

Dargestellt ist Lü Dongbin, einer der acht daoistischen Unsterblichen. Die Figur trägt ein grünes Gewand und eine schwarze Mütze. Auf der linken Schulter ist ihr Dämonen tötendes Schwert zu sehen, in der linken Hand hält sie einen Lotuszweig.

↗ **Guanyin (buddhistische Gottheit)**

China, Song-Dynastie (960 bis 1278 n. Chr.)
Holz, H 138 cm, B 124 cm, T 70 cm
Inv.-Nr. I D 36 463

Die überlebensgroße Holzplastik zeigt Guanyin, sitzend mit aufrechtem Kopf und angewinkeltem rechten Bein. Der rechte Arm ist entspannt über das Knie gelegt. Die linke Hand stützt sich auf den Boden. Die Augen sehen auf den niedriger stehenden Besucher.
Reste der alten Fassung mit Bemalung sind noch erkennbar. Der Körper war einst vergoldet. Haare und Iris sind schwarz, die Urna auf der Stirn ist vertieft und rot wie die Lippen. Der Oberkörper ist zur Hälfte entblößt und zeigt einen männlichen Körperbau. Das lose Gewand bedeckt die Schultern, Teile der Arme und den Unterkörper. Im Haar steckt ein Diadem mit Buddhafigürchen, den Hals schmückt ein geschnitztes Collier, an den Handgelenken wurden breite Ärmelreifen ausgeschnitzt. Das Haar bildet einen Scheitelknoten und hängt über die Schultern.

∧ **Schattenspielfigur**

Sichuan, 19. Jh.
Büffelhaut, H 68 cm, B 57 cm
Inv.-Nr. I D 36 390

Gezeigt wird eine Kaiserin im offiziellen gelben Hofgewand, das mit Drachen bestickt ist und durch einen Edelsteingürtel gehalten wird. An den Füßen trägt sie rote Lilienschuhe. Ihren Kopf schmückt eine altertümliche Kaiserkrone.

⊾ **Avalokitesvara (Göttin der Barmherzigkeit)**

China, 17. Jh.
Bronze, H 64 cm, B 46 cm, T 26 cm
Inv.-Nr. ID 36355

Die aus Bronze mit angewischter Vergoldung gefertigte Avalokitesvara-Gottheit gehört zur Gruppe der Padmapani-Bodhisattvas oder Helfer der Menschheit. Sie ist im Dhyani-Sitz dargestellt (Meditationssitz). Die Gottheit besitzt 48 Arme, die rechts und links in zwei senkrechten Reihen angeordnet sind, und zehn Gesichter, die in ihren Zügen variieren. Als elfter Kopf fungiert der des Buddha Amitabha in der Anjali-Mudra. In den sechs Hauptarmen sind drei verschiedene Mudras dargestellt. Nach den elf Köpfen, der Sitzhaltung und den Attributen zu urteilen, handelt es sich um einen tantrischen Typus, einen von 108 verschiedenen Variationen des Avalokitesvara (nach Bhattachrya). Bei der Anordnung der Köpfe variieren die seitlichen Gesichter durch ihre unterschiedlichen Gesichtszüge. Während von unten nach oben die neun Köpfe sowohl gleiches Kronendekor als auch gleiches Ohrgeschmeide tragen, fällt der zehnte Kopf durch seinen Buddhakopf mit kühlenden Schnecken als Haaraufsatz und deformierten Ohrläppchen aus dem Rahmen. Alle Gesichter haben ein drittes Auge.

Musikethnologie

mit dem Berliner Phonogramm-Archiv und der Musikinstrumentensammlung

Das Erforschen und Sammeln von Musik aus aller Welt hat in Berlin Tradition. Das Ethnologische Museum verfügt daher über eine der weltweit bedeutendsten Sammlungen historischer und zeitgenössischer Tonaufnahmen, wie auch über eine umfangreiche Sammlung von Musikinstrumenten aus nahezu allen Regionen der Welt. Die Abteilung Musikethnologie bewahrt und vergrößert diese Bestände durch eigene Forschungen und die Unterstützung von Forschungsprojekten, deren Ergebnisse in Form von Büchern, Videos und CDs veröffentlicht werden.

Edison-Phonograph und Walzen
aus dem Berliner Phonogramm-Archiv

Das Berliner Phonogramm-Archiv

Als Thomas A. Edison 1878 den Phonographen erfand (s.S. 139), nutzten ihn auch Musikforscher und Ethnologen, um auf ihren Reisen in ferne Länder die Musik anderer Kulturen aufzuzeichnen. Die Aufnahme mit der Inventarnummer 1 des Berliner Phonogramm-Archivs wurde in Berlin gemacht: Im September 1900 besuchten thailändische Theatermusiker die deutsche Hauptstadt und wurden anlässlich eines Konzertes von dem Psychologie-Professor Carl Stumpf und seinem Assistenten Otto Abraham aufgenommen. Es sollte eine Sammlung von Musikaufnahmen aller Völker der Welt entstehen, gemäß dem enzyklopädischen Anspruch der damaligen Wissenschaften. Das Forschen nach ursprünglichen Musiktraditionen war ein Zug der Zeit. Komponisten wie Béla Bartók und Jón Leifs suchten mit dem Phonographen in entlegenen Dörfern eine Rückbesinnung auf musikalische Wurzeln.

Oft dienten diese Begegnungen als Quelle der Inspiration für neue musikalische Schöpfungen. Die ersten Aufnahmen in den Ursprungsländern verdankt das Archiv Felix von Luschan, dem damaligen Direktor des Berliner Museums für Völkerkunde, der 1902 die Türkei bereiste, sowie dem Linguisten und Afrikanisten Carl Meinhof, der Musikaufnahmen aus Ostafrika mitbrachte. Bald war das Berliner Archiv international als ein Zentrum der Vergleichenden Musikwissenschaft bekannt. Neben Wissenschaftlern liehen dort auch Missionare und Kolonialbeamte die leicht zu transportierenden Phonographen aus, zusammen mit einem Vorrat an Wachszylindern. Mehr als 15 000 Originalaufnahmen (zusammen mit den Kopien 30 000 Walzen)und 1283 78er Schallplatten gelangten bis 1943 nach Dahlem, wo das Phonogramm-Archiv seit 1934 als Abteilung des Museums für Völkerkunde arbeitete.

Nach dem Zweiten Weltkrieg kam ein großer Teil der Bestände nach Leningrad (St. Petersburg) und wurde 1959 der damaligen DDR zurückgegeben. Erst die Wiedervereinigung ermöglichte die Rückkehr der Musiksammlungen nach Berlin-Dahlem. 1999 wurde das Phonogramm-Archiv als damals einziges deutsches Archiv durch die Aufnahme der alten Sammlungen in das Weltregister des UNESCO-Programms »Memory of the World« geehrt. Nach dem Zweiten Weltkrieg wurden wichtige Aufnahmen gesammelt, zum Beispiel aus der Türkei (Kurt Reinhard und andere), den Gebieten der Kurden und der Herzegowina (Dieter Christensen), Ägypten, dem Sudan, Neuguinea, Sumatra, Kamerun (Artur Simon), aus diversen Musikkulturen Afrikas und Brasiliens (Gerhard Kubik), Ghanas, Trinidads und Tobagos (Andreas Meyer), Borno Documentation Project aus Nordostnigeria (Ekkehart Royl, Artur Simon, Raimund Vogels und andere), Algerien und Mali (Edda Brandes), der Côte d'Ivoire (Till Förster), Syrien (Ekkehart Royl), Äthiopien (Ivo Strecker), Vietnam und Laos (Gisa Jähnichen), den Philippinen (Hans Brandeis), Griechenland, Afghanistan und Nepal (Felix Hoerburger), China (Edda Brandes und Shu-Chi Lee), Bolivien (Max Peter Baumann), Brasilien (Tiago de Oliveira Pinto) sowie den Ellice-Inseln und dem Gilbert-Archipel in der Südsee (Gerd

Koch). Zusammen mit den Sammlungen der neueren Zeit, die auf Tonband, Langspielplatte, Compact Disc, DAT-Band und Video aufgezeichnet wurden, umfasst das Archiv heute mehr als 160 000 Aufnahmen von Musik und Tanz aus der ganzen Welt.

Rettung der Wachswalzen
Das Projekt »Rettung der größten Sammlung ältester Klangdokumente von traditioneller Musik aus aller Welt« wurde seit 1992 vorbereitet und lief seit 1998 mit Unterstützung durch die Stiftung Deutsche Klassenlotterie. Es umfasst neben Identifizierung und Konservierung der 30 000 Walzen auch deren schrittweise Digitalisierung. So werden die Voraussetzungen geschaffen, um die Bestände der Öffentlichkeit zu erschließen und den Ursprungsländern zur Verfügung zu stellen.

^ **Hsaing-Waing Ensemble**
Birma
Inv.-Nr. VIIc 120ff.

Die Musikinstrumentensammlung

Aufgrund ihrer speziellen musikinstrumentenkundlichen Fachkenntnis begannen nach dem Zweiten Weltkrieg die in der Abteilung Musikethnologie arbeitenden Wissenschaftler, gezielt Musikinstrumente zu sammeln. Der Bestand wuchs von 38 (1963) auf gegenwärtig 1800 Musikinstrumente an.
Aus dem alten Bestand kommen noch über 720 Instrumente aus Süd- und Südostasien hinzu. Besonders hervorzuheben sind komplette Ensembles aus Südostasien und Afrika sowie Instrumente aus Indien und

Ägypten, die man zum Teil in der ständigen Ausstellung sehen kann (siehe Abbildungen).

∧ **Vina**
Lauteninstrument der karnatischen Musik aus Südindien
Inv.-Nr. VIIc 39

↗ **Gongspiel**
Ausschnitt, aus dem Pi Phat Mon-Ensemble aus Thailand
Inv.-Nr. VIIc 647

Im Rahmen von Gruppenführungen werden weitere Instrumente vorgestellt. Die kompletten Ensemblesätze aus Südostasien sind: ein Doppelsatz (*pelog* und *slendro*) eines zentraljavanischen *Gamelans* aus Yogyakarta; ein *Gamelan* Degung aus Bandung, Westjava; ein *Gamelan Semar Pegulingan* aus Bali; ein *Gender Wayang* Ensemble zur Begleitung des Schattenspiels und ein *Gambuh* Ensemble ebenfalls aus Bali; ein *Hsaing-Waing* Ensemble aus Birma; ein *Kulintang* Ensemble und andere Gongbesetzungen von den Philippinen.

»Weiterhin ist die Sammeltätigkeit durch den Erwerb von größeren, zusammenhängenden Kollektionen gekennzeichnet. Hervorzuheben sind hier neben Artur Simons Sammlung aus seiner Feldforschung in Sumatra u.a. die Sammlungen von Gert-Matthias Wegner mit Instrumenten aus Nepal und von Hans Brandeis mit Instrumenten von den Philippinen, vor allem Flach- und Buckelgongs. Ferner ist die umfangreiche Kollektion bolivianischer Flöten zu nennen, die Max Peter Baumann 1992 dem Museum geschenkt hat. Zwischen 1995 und 1996 hat das Archiv innerhalb des Museums-Komplexes in Dahlem neue Räume bezogen. Erstmals gab es damit Platz für eine Dauerausstellung, und bereits 1992 wurde eine Arbeitsgruppe ins Leben gerufen, die ein Ausstellungskonzept erarbeitete. Von zentraler Bedeutung war die Idee, audiovisuelle Medien einzusetzen, um die ausgestellten Objekte in kulturellen Kontexten zu präsentieren. Infolge dieses Konzeptes hat man 1993 ein Projekt in Ghana durchgeführt. Es wurde ein Trommel-Satz aus der Asante-Region (Zentral-Ghana) erworben und seine Herstellung auf Videofilm dokumentiert.« (Andreas

Meyer, Die Musikinstrumenten-Sammlung des Berliner Phonogramm-Archivs, in: A. Simon (Hrsg.), *Das Berliner Phonogramm-Archiv,* Berlin 2000, S. 152).
Viele dieser Instrumente wurden persönlich bei Instrumentenbauern in Auftrag gegeben und speziell für die Abteilung Musikethnologie hergestellt. Hierbei waren die freundschaftlichen Kontakte zu vielen Musikern hilfreich, nicht zuletzt zu jenen, die in den Konzerten des Museums auftraten. Zwischen 1973 und 1999 wurden über 110 Konzerte veranstaltet und für das Berliner Phonogramm-Archiv aufgezeichnet. Der technische Fortschritt der vergangenen Jahre bestimmt heute die aktuelle Sammeltätigkeit des Musikarchivs. Die audiovisuellen Aufnahmen gehören heute zum Standard der ethnomusikologischen Dokumentationsarbeit. Zum einen dienen sie der Analyse von Musik und Bewegung, beim Spielen von Musikinstrumenten oder beim Tanz. Sie können aber auch pädagogisch und museumsdidaktisch eingesetzt werden. Eine weitere technische Revolution stellte neben der Videoaufnahme die digitale Aufnahme dar, nicht nur für die Arbeit in verkehrsmäßig schwer zu erreichenden Gegenden, sondern auch für die Bearbeitung und Archivierung im Hause. Diese archivarische Konservierung der Klangdokumente auf modernen elektronischen Tonträgern ermöglicht einen schnelleren Zugriff auf die ein-

∨ **Musiker aus Kumasi**
in Ghana mit Trommeln, die für die Musikinstrumentensammlung (EM) hergestellt wurden
Foto: Andreas Meyer 1993

zelnen Aufnahmen nach Art einer musikalischen Datenbank. Anfragen von Institutionen aus der ganzen Welt zeigen das stetig wachsende Interesse an Zusammenarbeit, Austausch und vor allem an den kulturhistorisch bedeutsamen Beständen des Archivs (vgl. Gabriele Berlin, Artur Simon (Hrsg.), *Music Archiving in the World,* Berlin 2002). Vieles, was hier an traditioneller Musik gespeichert wurde, ist in den Ländern, aus denen die Aufnahmen stammen, ausgestorben oder fast verschwunden und nur noch bruchstückhaft präsent.

Vielfältige Aktivitäten richten sich an die Öffentlichkeit: Konzerte, Workshops und Vorträge gehören ebenso dazu wie Vorführungen von Musikinstrumenten. Außerdem wurden zahlreiche Publikationen, Schallplatten, CDs und Videos produziert und verkauft. Die komplexen Sachverhalte der Musikkulturforschung versucht die in den Begleitheften unserer Reihen »Museum Collection Berlin« (LP, CD, Video) und »Historische Klangdokumente« (CD) veröffentlichte umfangreiche Dokumentation vorzustellen. Auch die Buchpublikationen des Archivs basieren auf Forschungsreisen, Archivmaterialien und Musikinstrumenten des Museums.

Am 29. September 2000 wurde ein Gastspiel des klassischen thailändischen Musik- und Tanzensembles Prasit Thawon veranstaltet. Dieses Ensemble leitet sich in direkter Linie von jener Besetzung ab, die Carl Stumpf im September 1900 auf Edison-Zylinder aufgenommen hatte.

Ein Band zur Geschichte des Archivs sowie ein CD-Schuber mit vier CDs sollen durch die Geschichte des Archivs führen: *Das Berliner Phonogramm-Archiv. Sammlungen der traditionellen Musik der Welt,* hrsg. von Artur Simon, VWB-Verlag für Wissenschaft und Bildung, Berlin 2000 und *Music! 100 Recordings. 100 Years of the Berlin Phonogramm-Archiv 1900 – 2000* (Museum Collection / WERGO SM 1701 2). Die Reihe »Historische Klangdokumente« wurde im März 2003 mit dem Titel *Walzenaufnahmen japanischer Musik 1901 – 1913* eröffnet.

JuniorMuseum

Ab durch die Wüste

Das JuniorMuseum bietet den ›kleinen Besuchern‹ des Ethnologischen Museums die Möglichkeit, sich aktiv mit völkerkundlichen Themen auseinander zu setzen. Hier wird nicht nur geschaut, sondern auch gefühlt, gerochen und gehört.

In der 2001 eröffneten Ausstellung »Ab durch die Wüste« können Kinder selbst auf eine Entdeckungsreise gehen und mit Forscherkoffer und Forschertagebuch ausgerüstet die Kulturen der Tuareg in Afrika oder der Aborigines in Australien kennen lernen. Spielerisch erschließen sich ihnen fremde Welten, in denen sich alles um das Thema »Wege und Orte – Warum sind Menschen unterwegs?« dreht. Auch die eigene Kultur wird aus diesem Blickwinkel betrachtet, und Vertrautes erleichtert es den Kindern, fremde Lebensformen besser zu verstehen.

JuniorMuseum

Führung in der Ausstellung »Ab durch die Wüste«

Foto: Julia Ahmad

Vor einem Nomadenzelt in Tuareg-Kleidung

Foto: Julia Ahmad

Beim Hören einer Sandbildgeschichte der Aborigines an der Tonstation

Foto: Petra Hoffmann

Karawanenwege der Tuareg in der Sahara

Die Entdeckungsreise führt die Kinder zuerst in die afrikanische Wüste Sahara zu den Tuareg, einem Nomadenvolk. Leise Hafengeräusche beim Betreten des inszenierten Wüstenraumes untermalen die imaginäre Schiffsreise nach Nordafrika. Wüstensand, der barfuß betreten ein besonderes Vergnügen bereitet sowie ein originales Tuareg-Zelt vermitteln Kindern einen ersten Eindruck vom Leben in der Wüste. Dieser wird durch zwei Filme über das Alltagsleben und die Karawanenreisen der Tuareg noch verstärkt und regt die Kinder an, Originalobjekte wie den Mörser oder andere Haushaltsgegenstände selbst auszuprobieren. Das Riechen an einer ledernen Milchflasche kann so zu einer Überraschung führen und das Binden eines Tuareg-Turbans will erst einmal gelernt werden. Per Kopfhörer an Tonstationen gibt es die Möglichkeit, mehr über die Abenteuer einer Karawane oder andere interessante Begebenheiten aus dem Leben der Tuareg zu erfahren. Warum die Tuareg gefahrvolle Reisen durch die Wüste unternehmen, erschließt sich den Kindern am Marktstand im Oasenbereich. Hier entdecken sie die Handelswaren, die mit den Karawanen transportiert wurden: duftende Gewürze, getrocknete Heuschrecken, steinharte Salzbrote und vieles mehr.

Besonders neugierige Kinder, die ihre Aufgabe als Forscher ernst nehmen und alles genau untersuchen, können ihre erworbenen Kenntnisse mit Hilfe von Wissenskarten, die sie in Kästen in der Ausstellung finden, erweitern.

Am Computerterminal im Berlin-Raum

Foto: Julia Ahmad

Traumzeitwege der Aborigines in Zentralaustralien

Ins ferne Australien reist man am besten mit dem Flugzeug. Flughafengeräusche begleiten die Kinder in eine neue Wüstenlandschaft, die sich von der zuvor erfahrenen unterscheidet. Rötlicher Sand, kleine Grasbüschel, ein Mulgabaum, Felsen und Höhlen sind die markanten Merkmale. Hier findet man nur wenige Gegenstände. Wichtiger als materielle Güter ist für die Aborigines ihre komplexe geistige Welt. Die Besucher können die Spuren dieser geistigen Welt, der so genannten Traumzeit, entdecken. Die Aborigines glauben, dass ihre Vorfahren auf ihren Wanderungen die Welt so geschaffen haben, wie sie sich heute zeigt. Dies geschah in der Traumzeit, über die es unzählige Mythen gibt. Einigen dieser Traumzeitgeschichten begegnen die Besucher der Ausstellung in der Gestalt der Honigameise, die sich im Boden versteckt, oder des Vogels Emu, dessen Spuren im Sand zu suchen sind. Einen aufschlussreichen Einblick in das fremde Weltbild der Aborigines gibt ein Film in der Traumzeithöhle, der von Aborigines gedreht wurde. Kinder können hier begreifen, dass die Kenntnis über die Mythen für die Aborigines von großer Bedeutung ist, um sich in der australischen Wüste zurechtzufinden. Jedes Landschaftsmerkmal besitzt seine eigene Geschichte, die, so man sie kennt, zur Orientierung beiträgt.

»Nomaden« in Berlin

Für die Reise in den nächsten Raum wird auf Vorschlag von Schülern ein ganz besonderes Transportmittel benutzt, man »beamt« sich von Australien nach Berlin, um in Windeseile den weiten Weg zu überbrücken. An diesem Raum haben Schüler mitgewirkt. Sie filmten Flugbegleiterinnen und interviewten sie zu ihrem ›halbnomadischen‹ Leben. Oder sie befragten Passanten an markanten Orten in Berlin zu ihren Wegen.

Auch ein Postkartenkontakt zu Schülern einer Aborigines-Schule ist hier dokumentiert. Ein Computerterminal animiert die Kinder, virtuelle Wege per Internet auszuprobieren und ihre eigene Homepage zu erstellen. Auch hier können sie Kontakt zu einer Aborigines-Schule aufnehmen.

Dass auch die Großstadt ihre besonderen Orte mit angenehmen oder unangenehmen Gerüchen hat, lässt eine Geruchsstation, gestaltet wie ein Laboratorium, nachvollziehen.

Während die beiden vorherigen Räume – der eine eher flach, der andere mit bewegter Landschaft – einen Eindruck von der endlosen Weite dieser zwei Wüsten geben, geht dieser Raum mit seinen Einbauten in die Höhe. Man kann das Treiben sogar von einem Balkon aus betrachten oder sich in einem Kinderzimmer zum Lesen niederlassen. Hier sollen sich die Kinder zu Hause fühlen und sich bewusst machen, dass alles vorher Gesehene genau wie dieser Berlin-Teil nur ein sehr kleiner Ausschnitt der Wirklichkeit ist.

Publikationen aus dem Ethnologischen Museum Berlin (Auswahl)

Afrika

Kurt Krieger *Ostafrikanische Plastik* (1990).

Erna Beumers, Hans-Joachim Koloß (Hrsg.) *Kings of Africa. Art and Authority in Central Africa* (1992).

Hans-Joachim Koloß (Hrsg.) *Afrika. Kunst und Kultur. Meisterwerke afrikanischer Kunst* (1999).

Hans-Joachim Koloß *World-View and Society in Oku (Cameroon)* (2000).

Amerikanische Archäologie

Dieter Eisleb et al. *Altperuanische Kulturen.* 4 Bände (1975–1987).

Die Sammlung vorspanischer Kunst und Kultur aus Mexiko im Museum für Völkerkunde, Berlin. The Precolumbian Collection of Mexico in the Museum of Ethnography, Berlin (1993).

Manuela Fischer (Hrsg.) *El Dorado. Das Gold der Fürstengräber* (1994).

Renate Strelow *Gewebe mit unterbrochenen Ketten aus dem vorspanischen Peru. Pre-Hispanic Peruvian Textiles with Discontinous Warp* (1996).

Amerikanische Ethnologie

Horst Hartmann *Kachina-Figuren der Hopi-Indianer* (1978).

Erich Kasten *Maskentänze der Kwakiutl. Tradition und Wandel in einem indianischen Dorf* (1990).

Peter Bolz, Hans-Ulrich Sanner *Indianer Nordamerikas. Die Sammlungen des Ethnologischen Museums Berlin* (1999).

Anita Hermannstädter (Hrsg.) *Deutsche am Amazonas – Forscher oder Abenteurer? Expeditionen in Brasilien 1800 bis 1914* (2002).

Islamischer Orient

Gisela Dombrowski, Ingrid Pfluger-Schindlbeck *Flachgewebe aus Anatolien* (1988).

Robert Pinner (Hrsg.) *The Rickmers Collection. Turkoman Rugs in the Ethnographic Museum Berlin* (1993).

Friederike Voigt *Qadscharische Bildfliesen im Ethnologischen Museum* (2002).

Ost- und Nordasien

Claudius Müller (Hrsg.) *Zen und die Kultur Japans. Klosteralltag in Kyôto* (1994).

Paul U. Unschuld *Huichun. Chinesische Heilkunde in historischen Objekten und Bildern* (1996).

Süd- und Südostasien

Cornelia Mallebrein, Wibke Lobo *Darshan. Blickkontakte mit indischen Göttern. Die ländliche und tribale Tradition* (1998).

Südsee und Australien

Markus Schindlbeck (Hrsg.) *Von Kokos zu Plastik. Südseekulturen im Wandel* (1993).

Annette Bierbach, Horst Cain *Religion and Language of Easter Island* (1995).

Klaus Helfrich et al. *Asmat. Mythos und Kunst im Leben mit den Ahnen.* (1995).

Musikethnologie

Andreas Meyer *Afrikanische Trommeln. West- und Zentralafrika* (1997).

Norbert Beyer *Lautenbau in Südindien. M. Palaniappan Achari und seine Arbeit* (1999).

Artur Simon (Hrsg.) *Das Berliner Phonogramm-Archiv 1900 – 2000. Sammlungen der traditionellen Musik der Welt. The Berlin Phonogramm-Archiv 1900 – 2000. Collections of Traditional Music of the World* (2000).

Gabriele Berlin, Artur Simon (Hrsg.) *Music Archiving in the World. Papers Presented at the Conference on the Occasion of the 100th Anniversary of the Berlin Phonogramm-Archiv* (2002).

Adressen
Öffnungszeiten
Informationen

Ethnologisches Museum

Staatliche Museen zu Berlin
Stiftung Preußischer Kulturbesitz

Besuchereingang:	Lansstraße 8, 14195 Berlin (Dahlem)	
Postanschrift:	Arnimallee 27, 14195 Berlin	
Informationsstand:	Telefon	+49 (0)30/8301-438
Kasse:	Telefon	+49 (0)30/8301-481
Sekretariat:	Telefon	+49 (0)30/8301-231
	Fax	+49 (0)30/8301-506
	E-mail	md@smb.spk-berlin.de
	www.smb.spk-berlin.de	

Öffnungszeiten	Dienstag bis Freitag	10 bis 18 Uhr
	Samstag und Sonntag	11 bis 18 Uhr
	Montags geschlossen	

JuniorMuseum

Öffnungszeiten	Dienstag bis Freitag	13 bis 18 Uhr
	Samstag und Sonntag	11 bis 18 Uhr
	Montags geschlossen	
angemeldete Gruppen	Donnerstag und Freitag	9 bis 13 Uhr

Cafeteria eßkultur (mit Mittagstisch)

Telefon +49 (0)30/68089344 oder
Telefon +49 (0)30/8301-433
www.esskultur-berlin.de

Verkehrsanbindung

U-Bahnlinie 1, Station Dahlem-Dorf
Busverbindung ab U- und S-Bahnstation Steglitz

Info Telefon

der staatlichen Museen zu Berlin
24 Stunden Service

Telefon +49 (0)30/2090-5555

Führungen und Anmeldungen für Schulklassen

Telefon +49 (0)30/2090-5566
Fax +49 (0)30/2090-5502
E-mail besucherdienste@smb.spk-berlin.de

Bibliothek des Ethnologischen Museums

(Präsenzbibliothek, Lesesaal, keine Ausleihe)

Arnimalle 27, 14195 Berlin
Telefon +49 (0)30/8301-280

Öffnungszeiten Montag und Dienstag 8 bis 12 Uhr,
Mittwoch und Donnerstag 12 bis 16 Uhr

Förderverein des Museums

Freunde des Ethnologischen Museums Berlin e.V.

c/o Ethnologisches Museum SMB

Arnimallee 27, 14195 Berlin
E-mail c.dojahn@smb.spk-berlin.de